Dépôt légal:
Bibliothèque Nationale du Québec
Bibliothèque Nationale du Canada
Quatrième trimestre 1995
ISBN: 2-920932-14-4
Deuxième édition
Publié par:
Les Éditions E.T.C. Inc.
1455 Ch. Ste-Marguerite
Ste-Marguerite Station (Ste-Adèle), Québec, Canada
J0T 2K0
Téléphone: 514-229-6564
Ligne directe Montréal et environs: 875-1930
Amérique du Nord: 1-800-361-3834
Télécopieur: 514-229-9915
IMPRIMÉ AU CANADA

Collection
ÉCOUTE TON CORPS

LISE BOURBEAU

répond à vos questions sur:

LES ÉMOTIONS, LES SENTIMENTS ET LE PARDON

6

ÉDITIONS E.T.C. INC.

Livres de LISE BOURBEAU déjà parus:

ÉCOUTE TON CORPS – ton plus grand ami sur la Terre (Tome 1)

ÉCOUTE TON CORPS, ENCORE! (Tome 2)

LISTEN TO YOUR BEST FRIEND YOUR BODY

QUI ES-TU?

JE SUIS DIEU, WOW!

DE LA COLLECTION ÉCOUTE TON CORPS:

- Les relations intimes (Livre #1)
- La responsabilité, l'engagement et la culpabilité (Livre #2)
- Les peurs et les croyances (Livre #3)
- Les relations parents et enfants (Livre #4)
- L'argent et l'abondance (Livre #5)
- Les émotions, les sentiments et le pardon (Livre #6)

LA COLLECTION ROUMA (livres pour enfants)

- La découverte de Rouma
- Janie la petite

Consultez le catalogue de conférences sur cassettes de LISE BOURBEAU à la fin de ce livre.

Venez visiter ou séjourner au Centre de Santé et de Développement Personnel ÉCOUTE TON CORPS de LISE BOURBEAU à STE-ADÈLE (Québec). Plus de détails à la fin de ce livre.

REMERCIEMENTS

Merci à tous ceux
et celles qui assistent à
mes conférences
et ateliers.
Grâce à votre recherche
d'une meilleure
qualité de vie,
à votre intérêt pour les
enseignements
d'Écoute Ton Corps
et à vos multiples
questions,
j'ai pu créer cette
Collection Écoute Ton Corps.

*Un gros merci aux personnes très
spéciales qui continuent
depuis le début
à collaborer avec moi afin de
réaliser tous les livres
parus à ce jour.*

Table des matières

PRÉAMBULE

Il est important de lire ce qui suit avant d'entamer la lecture ce livre. Comme il existe beaucoup de confusion dans l'interprétation des mots émotion, sentiment, sensibilité et senti, voici la définition de chacun selon l'enseignement d'Écoute Ton Corps.

ÉMOTION

Une émotion est le résultat d'une activité du plan mental. Une personne vit une émotion lorsqu'elle a peur pour elle-même suite au fait qu'une de ses croyances a pris le dessus et suscite de la peur en elle. Cette peur empêche la réalisation d'un désir, ce qui a pour effet de bloquer l'énergie du corps émotionnel qui doit être utilisée pour aider l'humain à réaliser ses désirs. **On peut donc en déduire que derrière toute émotion vécue, il y a en plus une émotion de peur qui est en général la peur de ne pas être aimé.**

SENTIMENT

Un sentiment provient de la faculté que possède l'être humain de sentir par son corps émotionnel qui vibre à toutes les sensations captées par les cinq sens physiques. Tant et aussi longtemps qu'une personne se permet de sentir sans qu'une activité mentale d'accusation prenne le dessus, la sensation appelée "sentiment" est bien gérée car elle ne bloque pas l'énergie du corps émotionnel.

COMMENT DIFFÉRENCIER ÉMOTION ET SENTIMENT

Vous pouvez ressentir un sentiment de peur, de peine, de joie, etc. ou une émotion de peur, de peine, de joie, etc. Exemple: lorsque vous vivez une peine et que vous demeurez en contact avec ce que vous vivez, tout en vous permettant de ressentir cette peine, vous pouvez dire que vous ressentez un sentiment de peine parce qu'il est très bien géré par vos corps mental, émotionnel et physique. Cette peine n'est pas néfaste. Par contre, lorsque vous ressentez de la peine et que votre corps mental prend aussitôt le dessus en disant ou en pensant que ce n'est pas juste, que vous ne comprenez pas, etc., ce sentiment devient alors une émotion. Pourquoi? Parce que vous avez peur pour vous-même et que vous accusez quelqu'un d'autre ou vous vous accusez. Cette attitude mentale vous empêche de manifester votre désir d'être heureux, de lâcher prise ou d'aimer inconditionnellement. Voilà pourquoi une émotion n'est jamais bénéfique: elle finit souvent par créer un blocage dans le corps physique, donc un malaise ou une maladie.

SENSIBILITÉ

La sensibilité est la propriété du corps émotionnel de pouvoir sentir et ressentir. L'humain utilise sa sensibilité pour vivre un sentiment ou une émotion. Dans un sentiment, il sent avec tout son être et demeure observateur de ce qu'il ressent; dans une émotion, l'analyse, la critique et l'accusation prennent le dessus et l'énergie se concentre davantage au plexus solaire. Sa sensibilité est donc mal utilisée car elle ne peut circuler librement. Elle est trop concentrée au plexus solaire. Voilà pourquoi une personne sensible qui apprend l'observation de sa sensibilité demeure bien centrée, même si ce qu'elle observe n'est pas agréable. Le fait de demeurer centrée lui permet de trouver d'autant plus rapidement que lucidement une solution au problème auquel elle est confrontée.

SENSIBLERIE

La sensiblerie est de la sensibilité exagérée et déplacée. Les gens qui se disent "hypersensibles" ou "hyperémotifs" éprouvent en général de la sensiblerie. Cet état se retrouve surtout chez les personnes qui croient avoir la responsabilité de rendre les autres heureux.

SENTI

J'utilise parfois le mot "senti" dans mon enseignement bien que ce mot n'existe pas dans le dictionnaire. C'est tout simplement un nouveau nom pour le verbe "sentir". Il est très utile pour décrire ce qu'une personne sent ou ressent. Dans une expression comme: *"Je suis dans mon senti"*, la personne exprime bien qu'elle n'est pas en train de penser mais plutôt en train de sentir.

INTRODUCTION

Les questions contenues dans ce livre m'ont toutes été posées par des hommes et des femmes comme vous lors de mes conférences et de mes cours.

Ce recueil a été conçu afin de vous assister dans la mise en pratique des notions déjà élaborées dans mes livres *Écoute ton corps, ton plus grand ami sur la Terre* et *Écoute ton corps, Encore!* Si vous ne les avez pas encore lus, je vous suggère fortement de le faire avant d'entamer la lecture des pages qui suivent.

Pour véritablement bénéficier de ce livre, lisez chaque question et trouvez d'abord votre propre réponse avant de lire la mienne.

Vous remarquerez qu'il y a plus de questions provenant du sexe féminin que du sexe masculin. Ne vous laissez toutefois pas arrêter par ce fait parce que la grande majorité de ces questions auraient pu aussi bien être posées par des hommes que par des femmes.

De plus, vous remarquerez que dans plusieurs questions, je fais référence aux étapes du pardon suggérées à la fin du livre; ceci est intentionnel car certaines personnes ne lisent que les questions et réponses qui les concernent pour commencer.

Certaines des questions de ce livre peuvent se répéter dans les autres livres de cette collection puisqu'elles touchent des thèmes étroitement liés. Bien que la peur et la culpabilité soient aussi des émotions, elle ont été à peine traitées dans ce livre parce que ces sujets ont déjà été couverts en profondeur dans les livres numéros deux et trois de la même collection.

Toutes les réponses données dans ce livre sont basées sur une approche qui a fait ses preuves et qui est au coeur de la philosophie de vie enseignée par le Centre Écoute Ton Corps. Je ne prétends pas avoir **LA** réponse à tout mais, avant de vous dire: *"Je suis sûr que cette solution n'apportera pas le résultat que je veux"*, je vous suggère fortement de l'expérimenter au moins trois fois avant de la mettre de côté. Ne laissez pas votre mental vous jouer des tours! Laissez plutôt votre coeur décider plutôt que la peur, qui est créée par l'ego.

Si vous persistez à n'utiliser que ce que vous avez appris dans le passé pour gérer votre moment présent et que vous n'expérimentez rien de nouveau, ne soyez pas surpris si très peu de choses se transforment pour le mieux dans votre vie.

Vous voulez de l'amélioration? Choisissez alors de vivre de nouvelles expériences. Bonne chance!

Avec amour,

Lise Bourbeau

Lise Bourbeau répond à vos questions sur

LES ÉMOTIONS, LES SENTIMENTS ET LE PARDON

Selon moi, la joie est toujours agréable. Comment peut-elle devenir une émotion?

La joie devient une émotion lorsque vous laissez l'intellect prendre le dessus. Vous vivez un moment de joie intense et vous commencez à dire ou à penser: *"Pourvu que ça dure!"* ou *"Pourquoi ne puis-je vivre cela plus souvent?"* ou *"Je ne mérite pas toute cette joie, il va sûrement m'arriver un malheur"* ou *"Après les fleurs vient le pot ou le vase!"*

Chacune de ces phrases démontre que vous utilisez votre mental de façon à vous empêcher de manifester votre désir de vivre pleinement votre moment présent. Cela se fait tellement vite que la plupart des gens n'en sont même pas conscients.

D'où l'importance de devenir plus conscient des pensées que vous nourrissez. Je vous suggère fortement de lire le livre *"Les peurs et les croyances"* de cette collection qui traite du sujet des croyances.

Est-il possible d'en arriver un jour à ne plus vivre d'émotions et si oui, comment?

Selon moi, oui c'est possible mais cela demande beaucoup d'amour inconditionnel envers soi-même et les autres. Pour y arriver, vous devez exprimer vos émotions dans l'amour, sans accusation. C'est la seule façon que je connaisse qui permet de ne plus revivre les mêmes émotions dans les mêmes circonstances.

À la fin de ce livre, vous trouverez les étapes suggérées pour exprimer une émotion telles qu'enseignées dans toutes les activités d'Écoute Ton Corps.

Quelle différence y a-t-il entre exprimer une émotion et demander pardon?

Il n'y a pas de différence car pour exprimer une émotion dans l'amour, vous devez passer par le pardon de vous-même ou des autres étant donné qu'il y a toujours de l'accusation lorsqu'une émotion est présente.

Vous parlez souvent de cordon à couper avec les parents. Comment puis-je savoir si j'ai effectivement un cordon avec un de mes parents ou avec les deux?

Un cordon, c'est une rancune qui n'a pas été réglée avec un parent. Cette rancune crée un cordon, c'est-à-dire un lien invisible qui rattache les deux personnes concernées au même problème. Ce cordon a pour effet de nous faire reproduire sans cesse les mêmes circonstances non réglées. La personne qui vit régulièrement du rejet, de l'injustice ou de l'indifférence avec plusieurs personnes est assurée d'avoir un cordon avec l'un de ses parents.

Pour savoir lequel, je suggère de vérifier si le problème est plus souvent vécu avec le sexe masculin qu'avec le sexe féminin. Si c'est plus évident avec le sexe masculin par exemple, la rancune à régler est avec le père ou la personne ayant joué le rôle de père lorsque vous étiez jeune. Un cordon n'existe qu'avec le parent ou la personne ayant joué le rôle de parent. Tant que ce lien invisible n'est pas coupé, cela nous fait vivre beaucoup d'émotions avec les autres. Voilà comment vous pouvez vérifier si vous avez un cordon à couper.

Vous pouvez faire le processus du pardon avec une personne autre que votre parent et c'est grâce à ce pardon que vous arriverez à couper le cordon avec votre parent, comme expliqué à la septième étape suggérée à la fin de ce livre.

Vers l'âge de deux ans, j'ai décidé que je n'avais besoin de personne. Mon frère et ma soeur refusaient de jouer avec moi et je vivais beaucoup de colère à cause de cela. Aujourd'hui, les colères continuent quand je me retrouve seule. Que faire pour être moins possessive envers les autres?

Comment pouvez-vous vous attendre à ce que les autres s'occupent de vous lorsque vous vous rejetez depuis l'âge de deux ans? Ce qui se dégage de vous, c'est: *"Je n'ai besoin de personne"* ou *"Personne ne m'aime."* Votre entourage le ressent et vous respecte dans votre décision. Vous ne pouvez en vouloir à personne d'autre.

Pour transformer cette situation, vous devez surtout apprendre à vous aimer, à travailler sur l'estime que vous vous portez. Pour cela, commencez par faire une liste de toutes les qualités que vous pouvez vous trouver au niveau du "avoir", du "faire" et du "être". Ensuite, intitulez cette liste de vos qualités: *"Voici les raisons pour lesquelles je suis aimable."*

Chaque soir, avant de vous endormir, relisez cette liste à voix haute au moins trois fois. La récrire est encore plus efficace. Allongez cette liste au fur et à mesure que vous vous trouvez d'autres qualités.

Selon le degré de résistance de votre ego, vous finirez peu à peu par croire aux qualités sur cette liste. L'énergie qui se dégagera autour de vous sera différente et vous attirerez des réactions différentes de votre entourage.

Qu'est-ce qui fait que la simple action de faire un compliment ou d'en recevoir un me porte à pleurer? D'ailleurs, tout me fait pleurer, un film, une chanson, etc.

Lorsqu'une personne n'arrive plus à contenir ses larmes, c'est habituellement dû au fait qu'elle s'est trop retenue plus jeune. Il y a une limite au contrôle que l'on peut exercer sur soi; tôt ou tard, la personne qui se contrôle finit par perdre le contrôle.

Par votre question, je déduis que vous êtes une hypersensible. Il n'y a aucun mal à cela. Par contre, si vous êtes hyperémotive, ceci s'avère plus nuisible. Pour savoir si vous êtes hyperémotive, vérifiez si une activité mentale quelconque se produit lorsque vous pleurez. Y a-t-il une peur, un jugement quelconque ou une accusation, surtout face à vous-même? Si non, je vous suggère de vous accepter, c'est-à-dire de vous donner le droit d'être hypersensible. Informez-en votre entourage et, en vous donnant le droit de laisser sortir vos larmes, votre situation va se régulariser. De toutes façons, le surplus refoulé doit être évacué un jour ou l'autre.

Vous accuser de quoi que ce soit est le meilleur moyen pour vous assurer que cela continue.

Si vous êtes hyperémotive, suivez les étapes suggérées à la fin de ce livre pour exprimer une émotion.

Quelle est votre approche thérapeutique pour soigner la sensibilité douloureuse en dehors du conditionnement mental? Une sensation peut être envahissante sans que nous en ayons le contrôle. Qu'en pensez-vous?

Si, pour vous, faire du conditionnement mental signifie contrôler ce que vous ressentez, vous agissez de sorte à renier votre sensibilité. Vous reniez donc une partie importante de vous-même qui est votre corps émotionnel. Une sensation devient envahissante seulement quand on la juge, quand on veut la changer ou s'en débarrasser; bref, quand on ne l'accepte pas. Cette attitude démontre de la peur, donc une situation de non-pouvoir, où vous n'êtes plus centré.

L'approche d'Écoute Ton Corps consiste à regarder, à observer toute sensation sans la juger comme étant envahissante. L'observation de soi-même, c'est la maîtrise de soi.

Au lieu de vouloir vous contrôler, ce qui implique nécessairement le refoulement d'une partie de vous-même, apprenez à vous maîtriser, c'est-à-dire à observer ce qui se passe au niveau de votre mental, de votre senti et de votre corps physique. Pour vous habituer à le faire, je vous suggère au début de prendre le temps de tout écrire ce qui se passe en vous.

Vous découvrirez que lorsqu'il n'y a que de l'observation sans jugement, sans peur ou sans accusation, ça ne prend que quelques minutes pour explorer la partie souffrante et d'en saisir l'utilité. Si vous demeurez véritablement dans l'observation sans attentes, vous continuerez à sentir ce qui se passe, mais sans douleur. Libre à vous ensuite d'ajuster votre façon de penser selon votre désir.

Je panique lorsque ma petite amie téléphone; je mets le répondeur car je ne me sens pas capable de l'affronter. Comment dominer mes émotions pour pouvoir communiquer?

Le moyen le plus rapide et efficace pour y parvenir est d'avouer à votre amie ce que vous vivez. Mais d'abord, vous devez vous donner le droit de vivre ces émotions. Faites le bilan des peurs qui vous habitent sans vous accuser ou vous juger de les avoir. Sachez que plusieurs jeunes filles et jeunes garçons (même certains adultes) vivent la même chose. Avouez ensuite ces peurs à votre amie. Vous aurez peut-être peur de faire rire de vous ou de ne pas être compris, mais il est important de le faire quand même. Dites-lui aussi que vous craignez sa réaction.

Si cela peut vous aider, j'ai constaté que nous sommes tous attirés par des personnes qui ont les mêmes peurs que nous. La seule différence est que certaines personnes sont plus conscientes de leurs peurs que d'autres et que chacun les exprime différemment. Votre amie a peut-être les mêmes peurs que vous mais, ayant plus de courage, elle ose les affronter en vous appelant.

En acceptant vos peurs et en lui exprimant ce que vous ressentez, cela ne peut que l'aider à faire la même chose avec ses propres peurs. Même si elle ne le fait pas tout de suite, elle aura au moins un modèle à suivre pour le faire elle-même éventuellement.

J'ai de la difficulté à différencier mes émotions de celles des autres dans le sens que je capte l'énergie des autres facilement. Quoi faire pour y remédier?

Il y a deux raisons principales pour lesquelles une personne capte facilement les émotions des autres.

La première, c'est lorsque l'émotion de l'autre vient réveiller ou raviver vos propres émotions non réglées, c'est-à-dire celles que vous avez déjà vécues mais que vous n'avez pas encore exprimées et/ou pardonnées.

La deuxième raison, c'est lorsque vous vous sentez responsable du bonheur de l'autre, c'est-à-dire lorsque vous croyez que vous devez absolument trouver un moyen pour que l'autre ne souffre plus.

Pour y remédier, commencez par admettre que l'émotion de l'autre vous appartient aussi. Ensuite, il ne vous reste plus qu'à faire les étapes mentionnées à la fin de ce livre.

Si vous vous voyez comme étant du type à vous sentir responsable des autres, il est important que vous appreniez la notion de responsabilité. Je vous suggère de lire le livre *La responsabilité, l'engagement et la culpabilité* de cette même collection.

Pourquoi m'est-il si difficile de pardonner à quelqu'un qui m'a fait du tort?

En général, lorsqu'une blessure fait mal au point que vous avez de la difficulté à pardonner, c'est que cette blessure se répète depuis votre jeune âge. Ce genre de blessure est presque toujours causée par une croyance générant un sentiment de rejet, d'abandon ou d'injustice. J'ai bien dit "croyance". Cette croyance mentale est ce qui vous enjoint à ne pas pardonner. Elle vous fait croire qu'en ne pardonnant pas à l'autre, vous réussirez à le punir. Malheureusement, c'est l'inverse qui se produit. C'est la personne qui insiste à continuer d'en vouloir à l'autre ou à garder rancune qui souffre le plus. Elle peut même en devenir malade à la longue.

Je vous suggère fortement de reprendre contact avec votre coeur en suivant les étapes du pardon suggérées à la fin de ce livre.

Je passe mon temps à pardonner à mon conjoint après qu'il ait consommé trop d'alcool. Bien qu'il le regrette vraiment sur le moment, il recommence toujours. Dois-je passer ma vie à lui pardonner? C'est lui qui demande pardon et c'est moi qui souffre.

D'après votre question, je constate que vous ne pardonnez qu'avec votre tête et non avec votre coeur. C'est pour cette raison que cette situation se répète.

Mentalement, une partie de vous (une croyance) dit qu'il est mal de prendre trop d'alcool. Cette partie dit: *"Je te pardonne cette fois-ci mais à la condition que tu ne recommences plus."* C'est un pardon conditionnel, donc mental. Un pardon fait avec le coeur est toujours inconditionnel.

Au lieu de pardonner ainsi à votre mari, je vous conseille plutôt de porter plus d'attention au besoin de vous pardonner vous-même car la dépendance de votre conjoint vient vous rappeler votre propre dépendance que vous ne voulez pas voir et encore moins accepter. Quelle est votre ou vos dépendances? Le sucre? Les médicaments? L'alcool? La cigarette? Contrôlez-vous vos dépendances pour ne pas les voir? Êtes-vous dépendante de votre conjoint? De sa présence? De sa dépendance envers vous?

Lorsque vous aurez trouvé votre ou vos dépendances, donnez-vous le droit de les avoir en sachant que vous êtes sur Terre pour grandir et que ce n'est pas parce que vous avez encore une ou quelques dépendances que vous êtes une mauvaise personne. Il vous sera ensuite beaucoup plus facile d'avoir de la compassion pour votre conjoint. Vous pourrez sentir sa souffrance, sa douleur, ses limites et surtout sa présente incapacité de se priver de sa dépendance.

Après avoir suivi les étapes du pardon telles que suggérées à la fin de ce livre, vous saurez si vous pouvez continuer à vivre avec votre conjoint. Vous saurez si vivre avec sa dépendance à l'alcool est au-delà de vos limites. Reconnaître et respecter vos limites est une marque d'amour envers vous-même. Quand il n'y aura plus d'accusations entre vous et votre conjoint, il vous sera alors plus facile de prendre ensemble la meilleure décision concernant votre relation.

Je vis souvent de la colère. Comment mettre le doigt sur la vraie cause de ma colère?

En général, le genre de personne vivant le plus de colère intérieure est du type idéaliste. Il exige beaucoup trop de lui-même. Il semble un éternel insatisfait parce que ce n'est jamais assez bien fait, bien dit, bien pensé, etc. Sa colère est presque toujours dirigée vers lui-même plutôt que vers les autres.

Si c'est votre cas, vous devez apprendre à travailler de façon plus détendue et vous permettre parfois de ne pas terminer ou ne pas vérifier un travail. De plus, faites-vous au moins dix compliments par jour.

Après 27 ans de mariage, mon mari est parti avec une jeune fille de 20 ans. Comment se fait-il que je déteste cette fille et non mon mari? J'ai des fantasmes dans lesquels je me vois la défigurer. Comment faire pour être indifférente?

N'essayez pas d'être indifférente car vous ne l'êtes pas; vous forcer pour en donner l'impression serait vous contrôler. Vous vous placeriez ainsi dans une situation où vous finiriez par perdre le contrôle.

En vouloir à la jeune fille plutôt qu'à votre mari est un signe de jalousie.

La jalousie se distingue de l'envie par le trait suivant: la jalousie se manifeste envers une tierce personne tandis que l'envie se vit entre deux personnes. La jalousie que vous éprouvez provient du fait que vous en voulez à cette tierce personne de vouloir s'approprier ce que vous croyez être votre bien, en l'occurrence, votre mari.

L'envie, de son côté, se vit lorsqu'une personne souffre du fait de ne pas posséder la même chose que quelqu'un d'autre.

Le fait d'être jalouse démontre que vous êtes trop possessive, trop dépendante. C'est une émotion très étouffante pour un conjoint. Sans vouloir donner raison à votre conjoint, il a dû ressentir ce désir de possession émanant de vous et il a décidé de s'en éloigner. Cependant, comme il n'a pu régler cette situation avec vous, il est très probable qu'il ait été attiré par une autre femme possessive pour qu'il puisse s'occuper de ce qui l'étouffe. Par contre, ce qu'il vit avec cette jeune fille ne vous regarde pas; ils auront à régler eux-mêmes leur propre vie.

En ce qui vous concerne, il est très important pour vous de régler cette jalousie car, que vous viviez en couple avec votre conjoint actuel ou avec un autre homme, vous ne sauriez pas plus créer votre bonheur. La jalousie est une maladie du plan affectif et il est important de s'en occuper.

Faites-vous à l'idée que vous n'avez aucun droit sur personne sur cette Terre et que votre mari ne vous a jamais appartenu et qu'il ne vous appartiendra jamais. Un conjoint n'est pas une possession mais bien un compagnon avec qui vous pouvez apprendre à vous connaître et à grandir en tant qu'être humain.

Donnez le droit à la partie jalouse en vous de souffrir et dites-lui que vous allez l'aider à s'en sortir. Cette jalousie vient sûrement d'une blessure survenue lorsque vous étiez plus jeune ayant un rapport avec votre mère. Ça vient souvent d'un complexe d'Oedipe non résolu. Est-ce que votre mère cherchait à vous priver de l'attention de votre père parce qu'elle était jalouse de l'attention qu'il vous portait? Ou étiez-vous jalouse de l'attention que votre père portait à votre mère?

Je vous suggère de vous faire aider, en privé si nécessaire, car si vous ne faites rien, vous pouvez devenir obsédée par vos pensées de faire du mal à cette jeune femme. Ce genre d'obsession mise à exécution remplit les journaux de mauvaises nouvelles. Je suis sûre que votre désir est plutôt de vivre en harmonie avec vous-même et les autres.

Y a-t-il un danger à trop contrôler nos émotions, c'est-à-dire un danger d'être trop rationnel et de ne plus parler avec son coeur?

Le danger, comme vous dites, est de se couper de son senti ou de sa sensibilité. Plusieurs personnes, en voulant se couper de leurs émotions, se coupent en même temps de leur sensibilité qui est absolument nécessaire pour être capable d'écouter leurs vrais besoins ainsi que pour être véritablement à l'écoute des autres.

La personne qui ne ressent plus rien devient très rigide et écoute plutôt sa tête, son intellect, qui devient son maître. L'intellect, faisant partie du corps mental, est composé de mémoire, donc de tout ce qui a été appris dans le passé. Une personne qui se laisse diriger ainsi par son intellect ne peut plus vivre son moment présent de façon spontanée.

Il est important de savoir faire la différence entre émotion et sensibilité. Cela permet de demeurer sensible et d'éprouver des sentiments plutôt que des émotions.

L'hypoglycémie est-elle reliée aux émotions?

Oui, définitivement. L'hypoglycémie est principalement liée aux émotions de peur, surtout celles où les autres sont impliqués. C'est une maladie du pancréas qui est une glande du système digestif reliée au plexus solaire. Le plexus solaire étant la source où l'intellect puise l'énergie nécessaire à son fonctionnement en plus d'être l'outil nous permettant d'entrer en contact avec les désirs, il est plus facile de comprendre comment certaines de nos pensées (activité du plan mental) peuvent bloquer la concrétisation d'un désir.

Plus l'activité du plan mental a pour effet de bloquer les désirs, plus l'hypoglycémie sera prononcée. Plusieurs centaines de personnes ont réglé ce problème en utilisant la notion de responsabilité telle qu'enseignée au Centre Écoute Ton Corps. Elles ont arrêté de se croire responsables du bonheur et du malheur des autres et ont pris en main la responsabilité de créer leur bonheur en concrétisant leurs propres désirs plutôt que ceux imaginés pour les autres. Je vous suggère de lire le livre *La responsabilité, l'engagement et la culpabilité* de cette même collection.

Quand je prends conscience que je mange par émotion, je cherche l'émotion vécue durant la journée et je ne trouve rien. Que dois-je faire pour trouver ou identifier cette émotion?

À la fin de votre journée, faites une rétrospection en revoyant les événements de cette journée. Partez du soir et reculez jusqu'au matin. L'élément à rechercher est l'accusation. Avez-vous accusé quelqu'un en pensée ou en paroles? Vous êtes-vous accusé de quelque chose?

Si vous ne trouvez rien, ne forcez pas. Couchez-vous en demandant à votre subconscient de vous aider à trouver votre réponse durant la nuit. Dites-lui que vous êtes prêt à y faire face. Si aucune réponse ne vient encore, lâchez prise en acceptant qu'il est peut-être mieux pour vous de ne pas le savoir pour le moment. Faites confiance à votre **DIEU** intérieur qui sait ce qu'il y a de mieux pour vous. Je vois que votre intention est bonne et que vous voulez améliorer votre qualité de vie. C'est ce qui compte. Personne ne peut tout contrôler, c'est-à-dire savoir exactement comment et quand ses désirs se réaliseront.

Je trouve que lorsque je vis une émotion, mon niveau d'adrénaline s'élève. Pourquoi n'en parles-tu jamais? Comment le faire redescendre?

Dans le livre *Les peurs et les croyances* de cette même collection, j'explique le lien entre les peurs et la montée du niveau d'adrénaline. En effet, devant un danger, le corps ainsi que le cerveau ont besoin d'un surplus de glucose qui leur apportera l'énergie nécessaire pour y faire face. Les glandes surrénales ont pour fonction de produire une hormone appelée adrénaline qui sert, entre autres, à transformer les tissus adipeux (les réserves énergétiques que le corps accumule sous forme de graisse) en glucose, une matière utilisable rapidement par le corps ayant à faire face à un danger.

Comme vous pouvez retrouver dans toute émotion une peur irréelle provenant d'une croyance mentale, vous pouvez vérifier le degré de cette peur par la montée d'adrénaline que vous ressentez. Même quand la peur est irréelle, le corps réagit de la même façon que s'il y avait un danger véritable. C'est pour cela que le fait de vivre une émotion vide l'humain de son énergie.

Pour ramener votre taux d'adrénaline à un niveau normal, suivez les quatre premières étapes suggérées à la fin de ce livre relatives à l'expression d'une émotion. Je vous suggère cependant de faire les autres étapes si vous ne voulez pas vous retrouver dans des circonstances vous faisant revivre les mêmes émotions.

J'ai vécu des émotions lorsque j'ai vu un reportage à la télévision sur les enfants du Brésil. À qui puis-je exprimer ces émotions pour m'en défaire?

D'abord, regardons ensemble si vous avez vécu des émotions. La réponse est oui si vous accusiez ceux qui abandonnaient ou maltraitaient ces enfants. Pour vous en libérer, vous devez donc faire les étapes du pardon dans votre coeur et dans l'invisible avec ceux que vous avez accusés.

Je vous suggère, par contre, d'aller encore plus loin et de vérifier si ce que vous avez vu et entendu à la télévision n'est pas venu réveiller un sentiment d'injustice vécu étant plus jeune. Si c'est le cas, il va de soi de vivre des émotions à chaque fois que vous voyez ou vivez de l'injustice. Pourquoi? Pour vous rappeler de pardonner aux autres et vous pardonner d'avoir accusé ou jugé certaines personnes par le passé.

Si vous avez vécu de la tristesse et de la douleur pour ces enfants, sans accuser qui que ce soit, c'est plutôt un signe de compassion pour eux. Cette compassion vient de votre grande sensibilité; c'est un sentiment et non une émotion.

Les larmes sont un bon moyen pour vérifier si vous êtes émotive ou sensible. Pleurer abondamment est un signe d'émotion alors qu'avoir des larmes qui coulent doucement est un signe de sensibilité.

Faut-il absolument aller voir la personne à qui il faut pardonner? Quand il y a impossibilité de communiquer pour différentes raisons (éloignement, pas rejoignable, mal à l'aise de discuter, peur de blesser, etc.) puis-je quand même faire le cheminement du pardon?

Je ne peux m'empêcher de noter que vous utilisez deux fois le mot "faut" dans votre question. Pardonner vous semble une corvée. Je comprends pourquoi vous vous trouvez des excuses pour ne pas le faire en personne. Vous pouvez faire un pardon même si vous n'allez pas vous exprimer à la personne concernée mais lorsque vous aurez vécu une expérience de pardon véritable en faisant chacune des étapes mentionnées à la fin de ce livre, vous ne serez plus dans le "il faut". Vous n'hésiterez plus à aller voir l'autre personne. Vous penserez plutôt:

"Je veux le faire car je sais que c'est le seul moyen pour arriver à la paix intérieure que je recherche."

Expérimentez-le et vous verrez par vous-même. Si vous n'en voulez plus à l'autre mais qu'il est quand même pénible pour vous d'aller voir la personne pour faire la cinquième étape, c'est parce que vous ne vous êtes pas pardonné à vous-même d'en avoir voulu à l'autre et de l'avoir accusé. Se pardonner à soi-même est l'étape la plus importante.

Un des moyens souvent utilisé par ceux qui se trouvent des excuses pour ne pas aller voir la personne concernée est de lui écrire. C'est mieux que de ne rien faire.

La raison principale pour laquelle je suggère fortement de faire toutes les étapes suggérées et d'aller demander pardon de vive voix à la personne concernée est la suivante: c'est une excellente excuse ou occasion pour communiquer votre amour en paroles en plus de le ressentir. Les effets merveilleux qui en résulteront ne seront palpables qu'après.

Pour susciter votre désir et pour vous encourager à persévérer jusqu'au bout, voici quelques-uns de ces effets:

- l'énergie, la lumière que ces paroles d'amour apporteront à chacun;
- l'ouverture au niveau du centre d'énergie "cardiaque", localisé au milieu de la poitrine, qui sera nécessaire pour vous donner assez d'amour pour accepter de vous pardonner;

- l'ouverture du centre d'énergie "laryngé", localisé à la base du cou, à la gorge, qui sera nécessaire pour vous exprimer à l'autre. Cette ouverture vous aidera à créer davantage votre vie car c'est le centre de la volonté, du "Je veux". C'est en disant "Je veux" et non seulement "J'espère" que vous créez votre vie selon vos besoins;
- l'ouverture du centre d'énergie "frontal", localisé entre les deux yeux à la racine du nez, qui sera nécessaire pour éprouver de la compassion pour l'autre. Le centre frontal est le centre de l'amour inconditionnel de l'humanité, le centre de la vision intérieure et de l'intuition;
- l'exemple que vous donnerez à une autre personne, ce qui peut lui donner le courage de faire elle-même la même chose envers quelqu'un d'autre;
- l'occasion de pouvoir vérifier, en l'exprimant, si le pardon est véritable.

Ces raisons sont-elles suffisantes pour vous donner le désir de rencontrer la personne concernée? Je l'espère pour vous. Retenez cependant ceci: vous en serez le plus grand bénéficiaire.

Pourquoi les émotions sont-elles plus difficiles à vivre avec mon conjoint?

Pour vous, c'est plus difficile avec votre conjoint; pour d'autres, c'est avec les enfants, le patron, les parents, etc. La raison de cette difficulté est le fait que certaines personnes vous reflètent davantage ce que vous n'acceptez pas de vous-même. C'est ce qui vous fait réagir avec votre conjoint.

Celui-ci vous reflète des aspects ou des parties de vous que vous n'aimez pas et que vous ne voulez pas accepter. Vous l'accusez au même degré que vous vous accusez vous-même inconsciemment. Il est justement dans votre vie pour vous aider à devenir consciente de ces parties de vous que vous n'acceptez pas. À travers lui, vous avez l'occasion de vous connaître davantage. C'est ce qu'on appelle la théorie du miroir. Votre conjoint vous donne donc l'occasion d'apprendre à vous aimer, à vous donner le droit d'être ce que vous êtes.

Pour en savoir plus sur la théorie du miroir, je vous suggère de lire le premier livre de cette collection *Les relations intimes*.

Je me suis aperçu que mes allergies venaient d'une rancune et d'une perte de contrôle. En combien de temps puis-je espérer une guérison à partir du moment où j'en ai pris conscience?

J'ai été témoin d'un très grand nombre de guérisons depuis le début d'Écoute Ton Corps et je me suis rendue compte que l'étape de la prise de conscience de la cause d'un malaise est insuffisante pour le guérir. J'ai constaté que l'élément déclencheur du processus de guérison est le pardon de soi qui est la quatrième des étapes pour se libérer d'une émotion en demandant pardon suggérées à la fin de ce livre.

Vous savez que le pardon véritable de vous-même est fait lorsque vous pouvez ressentir ce qui suit: imaginez-vous être en présence de l'enfant que vous étiez, cet enfant qui a souffert et qui a accusé quelqu'un d'autre. Prenez cet enfant dans vos bras tout en ressentant beaucoup de compassion envers lui maintenant que l'adulte que vous êtes sait que cette accusation fut causée par sa souffrance. L'enfant en vous ne le sait pas; il a besoin de l'entendre et surtout il a besoin de se sentir accepté et pardonné.

Lorsque vous pouvez avoir ce genre de compassion envers vous-même, vous pouvez l'avoir pour d'autres. Seriez-vous capable de prendre dans vos bras quelqu'un qui vous a accusé en sentant sa souffrance, sa douleur et ses peurs et ce, sans lui en vouloir? Si oui, vous pouvez espérer une guérison.

Je peux pardonner à une personne mais je ne veux pas aller la voir parce qu'elle a été trop méchante envers moi. N'est-ce pas me respecter que d'agir ainsi?

Vous n'avez malheureusement pas pardonné à l'autre car, si c'était le cas, vous ne la jugeriez plus comme ayant été méchante envers vous. Vous reconnaîtriez plutôt sa souffrance. Je vous suggère fortement de réviser les étapes du pardon suggérées à la fin de ce livre.

Votre ego aimerait bien que ce soit du respect mais si vous vous respectiez vraiment, vous ne vous feriez pas souffrir ainsi en continuant à lui en vouloir. Croiriez-vous que quelqu'un qui vous fait souffrir vous respecte? Si vous choisissez de respecter votre rancune, vous aimez souffrir.

Lorsque je pardonne à quelqu'un, que se passe-t-il de son côté? Le fait de pardonner annule-t-il l'injustice qu'il y a eu? Autrement dit, le fait de pardonner fait-il en sorte que l'autre n'aura pas à payer pour ce qu'il a fait?

Si vous voulez que l'autre paie pour son injustice, vous n'avez pas pardonné. L'un des grands bienfaits du pardon est que vous ne jugez plus l'expérience vécue comme ayant été une injustice. Vous la voyez avec les yeux de votre coeur plutôt qu'avec les yeux de votre ego, c'est-à-dire comme une expérience nécessaire à votre évolution. D'ailleurs, c'est vous qui avez décidé qu'il y avait eu injustice. Pourquoi l'autre devrait-il récolter de l'injustice si, selon lui, il n'a rien fait d'injuste?

Que vous pardonniez ou non, cela ne change rien à la récolte ou "karma" de l'autre. Personne n'a le pouvoir d'arrêter la loi de cause à effet. L'autre récoltera selon ses intentions et sa motivation.

Pour votre part, en pardonnant aux autres, votre récolte à vous sera le pardon, l'amour et la guérison. Votre récolte devrait vous suffire; inutile de vous inquiéter de celle des autres.

Je veux résoudre un problème de burnout en demandant pardon à ma mère mais celle-ci est décédée. Comment puis-je le faire concrètement?

Vous faites les mêmes étapes sauf que lorsque vous serez rendue à l'étape de l'exprimer à la personne concernée (sixième étape), je vous suggère de le faire sous forme de détente. Visualisez-vous assise à côté de votre mère en train de lui parler. Terminez en la prenant dans vos bras. Demeurez en contact avec ce que vous ressentez.

Vous pourriez aussi procéder de la façon suivante: placez une chaise en face de vous et imaginez que votre mère est assise sur cette chaise. Parlez-lui à haute voix et prenez le temps d'entendre ses réponses à l'intérieur de vous. Faites ainsi toutes les étapes en sentant ce qui se passe en vous. Votre mère recevra votre pardon dans l'invisible. Rien ne se perd dans l'Univers.

Comment puis-je en arriver à contrôler mon anxiété face à la solitude et les émotions que je vis?

Ce n'est pas en vous contrôlant que vous aurez de bons résultats. Je vous suggère plutôt de vous donner le droit de vivre ces émotions. Lorsque vous êtes seul, parlez aux différentes parties en vous qui souffrent. Dialoguez avec elles. Ayez de la compassion pour elles. Ne les jugez pas et ne les accusez surtout pas. Devenez conscient du fait que vous avez créé ces parties en vous pour vous protéger contre certaines blessures.

Vous semblez désirer vivre moins de solitude. Alors, vérifiez en vous ce qui pourrait vous arriver de désagréable si vous n'étiez pas seul. Vous avez décidé, étant jeune, de vivre dans la solitude en croyant que cela vous protégerait de quelque chose ou de quelqu'un.

Lorsque vous aurez trouvé de qui ou de quoi vous vous protégez, négociez avec la partie en vous qui croit que la solitude est préférable à la vie sociale. Dites-lui que vous n'êtes plus la même personne maintenant et que vous voulez vivre d'autres expériences.

Cette méthode apporte de merveilleux résultats. Je l'explique plus en détails dans le livre *Les peurs et les croyances* de cette collection.

Comment puis-je devenir conscient d'une rancune envers un de mes parents lorsque cette rancune est inconsciente?

Comment savez-vous que vous entretenez une rancune si elle est inconsciente? Je crois plutôt que vous êtes conscient de la rancune mais non de sa cause.

Pour la découvrir, je vous suggère de vous observer lorsque vous êtes en présence des personnes du même sexe que le parent envers lequel vous croyez avoir de la rancune. Les accusez-vous de quelque chose? Si oui, de quoi? Si aucune réponse ne vient, ne forcez pas. Je ne crois pas que l'évolution spirituelle puisse s'effectuer en forçant.

Continuez à entretenir le désir d'arriver à aimer inconditionnellement, à ne plus en vouloir à personne et vous serez guidé dans la bonne direction, en temps et lieu.

Si la personne à qui je pardonne n'est pas réceptive en ce moment à cause de sa souffrance, est-ce que l'effet du pardon en moi est le même?

En ce qui vous concerne, les effets du pardon sont les mêmes pour vous, à la condition que vous vous soyez vous-même pardonné.

Il est important de respecter l'autre dans sa façon de recevoir un pardon. Plusieurs personnes ne sont pas préparées pour recevoir soudainement une bonne dose d'amour comme celle qui vient avec le pardon. Certains demeurent bouche bée, d'autres pleurent, d'autres changent de sujet, d'autres font des blagues, d'autres encore quittent la pièce, etc.

Ce sont surtout les personnes rigides, celles qui se sont coupées de leur senti, qui réagissent ainsi.

En demeurant en contact avec la souffrance de l'autre et en le respectant ainsi, il y a plus de chances que la dose d'amour reçue soit absorbée graduellement dans les jours qui suivent.

Est-ce que je peux sortir mon agressivité lorsque je suis en colère? On me dit de surveiller mes paroles. J'ai l'impression que je vais éclater à l'intérieur de moi quand je me retiens.

Je suis d'accord avec vous qu'il n'est pas bon de se retenir, de se contrôler car personne ne peut se contrôler indéfiniment. Lorsque ça finit par sortir, il y a souvent perte de contrôle et ceci engendre d'autres émotions parce que vous vous accusez par la suite d'en avoir trop dit.

Vivre de la colère est très humain mais l'idéal est d'apprendre à faire de "saintes colères". Faire une sainte colère, c'est vous donner le droit d'être en colère sans vous juger; c'est exprimer à l'autre la colère que vous vivez face à vous-même.

En effet, nous vivons beaucoup plus souvent de la colère envers nous-même qu'envers les autres. De prime abord, nous croyons être en colère envers quelqu'un d'autre mais par la suite, en y pensant bien, nous pouvons réaliser que nous nous en voulons de nous être laissé manipuler, de ne pas avoir fait nos demandes clairement, de ne pas avoir pris notre place ou de ne pas avoir exprimé nos limites, etc.

Ainsi, même si votre colère sort avec agressivité, au moins vous n'accusez pas l'autre. Cela vous aide à conscientiser ce que vous vivez et il ne vous reste plus qu'à vous pardonner pour ce dont vous venez de vous accuser (Voir la quatrième étape à la fin de ce livre).

Comment puis-je arriver à contrôler mes émotions vis-à-vis les agissements de mon conjoint qui se drogue? Comment puis-je accepter ses amis qui consomment également?

La réponse donnée à la personne qui passe son temps à pardonner à son conjoint après qu'il ait consommé trop d'alcool à la page 28 de ce livre convient parfaitement à votre question. Je vous suggère de la lire.

Est-il vrai que c'est parce que nous vivons des émotions que nous devons revenir sur Terre?

Nous devons revenir sur Terre tant que nous avons des désirs terrestres. Comme toute émotion cache un désir non satisfait, il s'avère donc vrai que nous devrons revenir jusqu'à ce que nous n'ayons plus d'émotions. Par contre, je vous suggère fortement de réviser les désirs dissimulés derrière vos émotions car la plupart sont basés sur des peurs et ne sont donc pas réalistes. Vous devez donc en faire le deuil parce que la concrétisation de ces désirs ne serait pas bénéfique pour vous. Vous vous éviterez ainsi la nécessité d'avoir à vous réincarner dans le but d'apprendre à lâcher prise de ces désirs.

Je garde mon père de 66 ans depuis deux mois. Il ne fait rien parce qu'il est amorti par les médicaments. J'essaie de l'accepter et de l'aimer mais c'est plus fort que moi, je vis beaucoup d'émotions.

Je deviens agressive car je manque d'intimité chez moi. Que puis-je faire? Personne d'autre dans la famille ne veut le garder et il ne veut pas aller vivre chez des étrangers.

Les émotions que vous vivez sont davantage en relation avec vous-même qu'avec votre père. Vous vous en voulez sûrement de vous être placée dans une telle situation. Le plus difficile doit être de ne pas savoir pour combien de temps vous aurez à vivre cette situation. Ça pourrait être pour plusieurs années! Y a-t-il eu un engagement formel avec votre père à l'effet que vous le garderiez jusqu'à sa mort?

Que vous vous soyez engagée ou non, je vous suggère de vérifier vos limites, de voir jusqu'où vous êtes prête à aller. Ensuite, exprimez à votre père ce que vous vivez. Dites-lui pendant combien de temps encore vous pourrez le garder afin de le préparer psychologiquement à un changement éventuel. Pendant ce temps, faites des démarches pour lui trouver un endroit où demeurer.

Même si votre père ne veut pas aller chez des étrangers, c'est à vous de décider. Vous aimez-vous suffisamment pour respecter vos limites? Faire des actions parce que vous vous respectez ne signifie pas que vous n'aimez pas votre père. Vous pouvez même voir comme un acte d'amour le fait de ne pas lui imposer de vivre avec une personne agressive. Il le sent sûrement que vous n'êtes pas heureuse de votre décision.

Par contre, avant de faire quoi que ce soit, n'oubliez pas de vous pardonner en vous donnant le droit d'avoir des limites. Si vous renvoyez votre père et que, par la suite, vous vous sentez coupable, vous n'aurez rien réglé puisque vous vous serez créé de nouvelles émotions.

Je suis le père de deux adolescentes. Comment ne pas vivre d'émotions quand c'est le désordre total chez nous? Mes deux filles n'en font qu'à leur tête. Mon épouse et moi ne savons plus quoi faire.

En général, lorsque les parents sont à la merci de leurs enfants, c'est signe qu'ils vivent de la culpabilité vis-à-vis leurs enfants. Vous êtes-vous senti coupable de ne pas avoir accordé suffisamment de temps à vos filles ou pour une autre raison? Se peut-il que vous les ayez laissé prendre de plus en plus de contrôle au fil des années pour tenter de vous déculpabiliser?

Quelle que soit la raison pour laquelle vous avez été trop permissif et que vous avez perdu le pouvoir de diriger votre propre maison, il n'est pas trop tard pour vous reprendre. Décidez avec votre épouse de ce que vous voulez vraiment dans votre maison. Ensuite, réunissez-vous avec vos filles pour leur faire part de ce que vous vivez et de ce que vous voulez dorénavant. Ne les accusez pas car c'est surtout envers vous-même que vous vivez de la colère. Ensuite, écoutez leurs demandes; elles seront sûrement différentes des vôtres. À vous quatre, arrivez à trouver un terrain d'entente, un juste milieu entre ce que vous désirez et ce que désirent vos adolescentes.

Vous et votre épouse devrez, par contre, être fermes dans vos décisions parce que vos filles, étant habituées à tout diriger, peuvent s'essayer à nouveau. Une habitude ne disparaît pas du jour au lendemain. Souvenez-vous que vous êtes chez vous et que vous avez tous les droits au monde de faire des demandes dans votre propre maison.

Comment puis-je arriver à accepter et à pardonner à mes parents qui me comparent depuis longtemps?

En faisant les étapes du pardon suggérées à la fin de ce livre. Pour arriver à faire la troisième étape, imaginez qu'eux-mêmes se comparent sans cesse aux autres en se rabaissant et que, depuis votre naissance, ils aspirent à ce que vous soyez mieux qu'eux. S'ils vous ont tant comparé, c'est parce qu'ils avaient beaucoup d'attentes. Voyez l'amour dans leurs attentes. Ils ont sûrement cru qu'en vous comparant, vous deviendriez mieux.

Ne vous arrive-t-il jamais de vous comparer? Et lorsque vous le faites, votre intention n'est-elle pas de vous améliorer? En général, personne n'aime cette forme d'amour mais, en arrivant tout de même à voir l'amour qui se cache derrière l'attitude de vos parents, cela vous aidera à ne pas vivre d'émotions ni de rancune.

Mon père est mort depuis six ans. Je lui en ai beaucoup voulu pour son absence. Comment puis-je arriver à lui pardonner?

En suivant toutes les étapes du pardon suggérées à la fin de ce livre.

Vous arrive-t-il d'être parfois absent pour certaines personnes que vous aimez? Est-ce que ça veut dire que vous ne les aimez pas? Votre père vous a peut-être fait une très grande faveur en vous quittant. Cette absence vous permet d'apprendre le détachement, l'autonomie. Il ne vous reste qu'à faire votre part. Votre père a fait la sienne.

Que puis-je faire pour arrêter de vivre autant de colère lorsque je vois ma grosseur dans un miroir?

Prenez le temps de vous arrêter et notez toutes les accusations dont vous vous inondez et qui vous mettent tant en colère. Vous accusez-vous par exemple de ne pas avoir assez de volonté, de ne pas être assez belle ou de ne pas être désirable, que c'est honteux, etc.

Ensuite, supposez qu'une de vos amies soit de la même grosseur que vous et que vous l'accusiez de la même façon. Trouveriez-vous cela bien mérité de sa part? Croiriez-vous être juste envers elle? Pourriez-vous lui faire croire par la suite que vous l'aimez beaucoup?

Je vous suggère l'exercice suivant: prenez deux chaises et placez-les l'une en face de l'autre. Dans l'une s'assoit la petite voix dans votre tête qui vous accuse et dans l'autre, votre amie (votre être) qui se fait accuser. Débutez en donnant la parole à la partie accusatrice et puis changez de chaise pour donner la parole à la partie qui se fait accuser. Changez de chaise à chaque fois que l'une d'elle veut parler. Cette méthode est excellente pour développer le "senti".

Vérifiez comment se sent votre amie suite au fait de se faire parler ainsi. Demandez à la partie qui accuse pourquoi elle agit ainsi.

Reconnaissez que la petite voix qui vous accuse d'être trop grosse ne veut que votre bien. Négociez ensemble un terrain d'entente. Permettez à cette petite voix de trouver un autre moyen pour vous faire du bien.

Vous avez sûrement besoin d'apprendre à vous aimer en tant que belle grosse personne dans cette vie-ci. Alors pourquoi ne pas le faire maintenant? Vous accepter ne veut pas dire que vous êtes d'accord avec le fait d'avoir un gros corps; vous accepter, vous aimer malgré l'excédent de poids, signifie être capable de voir toutes vos qualités et votre grand coeur même si votre corps n'est pas mince.

En y pensant bien, le choix apparait évident. Votre attitude actuelle ne vous apportant aucun résultat satisfaisant, autant physiquement que psychologiquement, qu'avez-vous à perdre? Et qui sait? Peut-être qu'après votre acceptation, votre corps se transformera-t-il? De toute façon, en vous acceptant, vous ne souffrirez plus, même si votre corps ne se transforme pas.

Comment arriver à pardonner à un patron et à un collègue de travail qui m'ont dénigré alors que je considère avoir fait mon travail du mieux que je pouvais? À leurs yeux, je ne collaborais pas et j'ai finalement été congédié.

Je vous suggère de regarder ce qui vous a dérangé le plus dans leur attitude. Supposons que ce soit l'injustice. Si vous acceptez l'idée que nous récoltons seulement ce que nous semons, vérifiez dans quelles circonstances vous êtes ou avez été injuste. Si vous ne trouvez rien, demandez-le à ceux qui vous connaissent bien (vos enfants par exemple). Vous verrez que ce que certains considèrent comme étant injuste ne l'est pas nécessairement à vos yeux. Se peut-il donc que l'attitude du patron et du collègue de travail n'était pas ce que vous avez perçu?

Lorsque vous aurez découvert que ces deux personnes ont été placées sur votre chemin de vie pour vous aider à vous connaître et à vous accepter davantage, vous ne pourrez plus leur en vouloir. Il sera facile, par la suite, de faire les étapes du pardon suggérées à la fin de ce livre. En réglant la situation avec eux, vous vous préparez de bien meilleures conditions de travail pour l'avenir.

Comment pardonner à mes parents qui sont décédés avec le secret de ma propre adoption? Depuis leur décès, je ne peux plus accepter les réalités de la vie de tous les jours. Le pardon m'aidera-t-il?

Est-il si difficile de vous mettre à leur place et de sentir l'énorme peur qu'ils devaient avoir de vous parler de votre adoption? Il est facile de présumer qu'ils souffraient eux-mêmes de la peur d'être abandonnés ou rejetés. En se mettant à votre place, ils n'auraient probablement pas accepté d'être adoptés et ils ont cru que vous réagiriez de la même façon.

Même si je ne suis pas nécessairement d'accord, je ne vois que de l'amour pour vous dans leur décision de ne rien vous dire. Vous pouvez, vous aussi, arriver à voir et à sentir de l'amour de leur part, sans nécessairement être d'accord avec leur choix. Il ne vous restera qu'à faire les autres étapes du pardon suggérées à la fin de ce livre.

Vous dites que le cancer est la maladie des émotions refoulées, en l'occurrence une haine ou une rancune inconsciente envers un parent. Pouvez-vous préciser davantage?

En effet, le cancer est, comme toute maladie sérieuse, une maladie qui découle d'un sentiment de rejet, d'abandon ou d'injustice vécu étant jeune. Selon les recherches intensives sur le cancer du Dr Geerd Hamer de Cologne effectuées depuis plus de 15 ans, la gravité de la maladie découle du fait que la blessure vécue dans l'enfance l'a été dans l'isolement. L'enfant, n'ayant personne à qui se confier, a donc tout gardé à l'intérieur de lui. En grandissant, à chaque fois que cet enfant a revécu cette même blessure, toujours dans l'isolement, les germes de la maladie ont grossi. Une maladie grave se déclare le jour où cette personne atteint sa limite de tolérance, au moment où la douleur intérieure est rendue trop forte.

J'ajoute ici la définition métaphysique du cancer telle que décrite dans mon livre *Qui es-tu?*

Le cancer se manifeste chez une personne qui vit de la haine envers quelqu'un, en général un parent. Cette maladie s'attaque plus spécialement à une personne qui avait énormément d'amour, une personne extrêmement sensible et qui a été terriblement désappointée par l'être qu'elle aimait. Son amour s'est transformé en haine. Cette haine est très profondément enfouie au fin fond d'elle-même et lui est totalement inacceptable, car cette personne est de nature généreuse et remplie d'amour. Elle ne peut pas y faire face puisqu'elle ne sait pas consciemment que cette haine-là l'habite. Cependant, elle prend tellement de place que même les cellules de son corps finissent par proliférer et l'envahir: le cancer a atteint le corps physique.

Prenons, par exemple, une petite fille dont le père est pratiquement toujours absent ou meurt alors qu'elle est très jeune. Elle voit sa mère rester seule avec beaucoup d'enfants et exercer une très lourde tâche. Elle peut alors se mettre inconsciemment à en vouloir à son père de les avoir quittés trop tôt et ainsi développer de la haine envers lui malgré le fait qu'elle l'aimait profondément. Une telle confusion émotive pourra éventuellement devenir un terrain fertile pour l'éclosion d'une maladie cancéreuse. Souvent, les personnes cancéreuses en veulent aussi à **DIEU** de ce qui leur arrive. Elles trouvent une situation injuste, que ça n'aurait pas dû leur arriver et elles n'acceptent pas la situation comme telle. Le problème vient du fait qu'elles refoulent tout cela au fond d'elles-mêmes.

Voici le profil habituel d'une personne cancéreuse: une personne qui est admirée, qui est réputée pour sa gentillesse, qui fait tout pour les autres allant même jusqu'à lutter pour eux. Selon les apparences, tout va très bien mais, dans son for intérieur, elle se sent victime et fait abuser d'elle facilement sans toutefois en prendre la responsabilité. Elle continue d'être inconsciemment rongée par sa haine ou par sa rancune sournoise et implacable.

Il est nécessaire de répéter que les personnes cancéreuses aiment souvent intensément mais de manière possessive et rancunière; elles le font d'une façon aussi intériorisée qu'ardente. Pour découvrir la cause de cette haine et afin d'y remédier, il est important de voir dans quelle partie du corps le cancer s'est développé.

Est-il possible de n'en vouloir à personne? On me dit que je ne suis pas normale de ne pas garder rancune envers personne.

Oui, cela est possible mais je dois avouer que ça n'existe que chez une minorité de personnes. Nous préférons souvent ne pas voir certaines rancunes car ce serait trop pénible d'en être conscients. Je ne dis pas que c'est votre cas, mais gardez tout de même une porte ouverte en vous disant: *"Je suis bien heureuse de n'avoir aucune rancune en moi mais si un jour j'en découvre une, je la réglerai à ce moment-là."*

Mon fils de quatre ans est timide et très renfermé. Je sens qu'il vit de la colère. Il se choque vite mais se retient. Comment puis-je l'aider à exprimer sa colère?

Vous pouvez l'aider en lui disant d'abord que vous savez qu'il vit de la colère et que cela arrive fréquemment chez les jeunes. Ensuite, parlez-lui de votre propre colère dans certaines situations vécues lorsque vous étiez jeune. Dites-lui comment vous vous sentiez à ce moment-là. Demandez-lui si ces mêmes situations le mettent également en colère.

Parlez-en comme de quelque chose de normal, sans lui faire la morale. Il arrivera ainsi plus facilement à parler de ce qu'il ressent. S'il ne peut pas en parler tout de suite, revenez sur le sujet quelques jours plus tard en disant: *"Je viens de me souvenir de quelque chose d'autre qui me mettait en colère... Je me sentais ... Et toi? As-tu déjà vécu cela?"* N'insistez pas, ne le forcez pas. Il doit prendre le temps d'apprendre à s'exprimer. Parlez-lui aussi des raisons qui vous ont permis de réaliser que vous n'étiez pas bien à vivre ces colères.

J'étais une personne très rancunière et j'ai ressenti de la rancune contre plusieurs personnes. Dois-je aller toutes les voir ou puis-je faire le pardon de façon générale avec moi-même?

Il est préférable de voir le plus de personnes possible. Regardez le bon côté de la chose: vous aurez ainsi l'occasion de répandre beaucoup d'amour autour de vous et les avantages de ces démarches, mentionnés en page 37 vous seront très bénéfiques.

J'ai vécu l'expérience de faire les étapes du pardon telles que vous le suggérez et l'autre personne a trouvé cela ridicule. Je n'ai pas pu continuer jusqu'au bout. Que dois-je faire de plus?

Il se peut que cette personne n'était pas prête à recevoir cette dose d'amour. Je vous suggère de vous reprendre en la faisant parler sur ce qu'elle vit ou vivait quand elle était jeune. Amenez-la doucement au sujet des émotions et avouez-lui que vous lui en avez voulu par le passé et que vous l'avez accusée injustement. Il n'est pas recommandé d'avoir une approche trop formelle ou trop directe comme: *"J'ai à te parler, j'ai un pardon à faire."* Cela peut faire peur à quelqu'un non préparé ou peu habitué à ce genre de communication.

Je reproduis avec mon conjoint tout ce que j'ai jugé et critiqué chez ma mère face à mon père. Est-il nécessaire de lui demander pardon et de la bouleverser avec cela? Je ne lui en veux plus maintenant.

Je sens dans votre question que le pardon face à votre mère est complété mais la raison pour laquelle vous hésitez à aller la voir est que vous ne vous êtes pas pardonnée encore. C'est l'étape la plus importante des étapes suggérées à la fin de ce livre. Après vous être pardonnée, vous verrez que vous aurez envie de vous libérer et de libérer votre mère en allant lui parler à coeur ouvert. Ce sera bon pour vous deux car il y a de fortes chances que votre mère ait jugé et critiqué sa propre mère pour les mêmes raisons. Par votre exemple, vous lui montrerez comment faire le pardon avec sa mère.

Comment demander pardon à un jeune enfant de six ans? Comprendra-t-il?

Vous lui demandez pardon de la même façon qu'avec un adulte. Il comprendra même encore plus vite qu'un adulte. Les enfants, ayant beaucoup moins de poussière mentale sur le coeur, ressentent rapidement les bonnes intentions des autres.

Est-ce que le pardon est véritable lorsque nous n'oublions pas l'offense qui nous a été faite?

Oui et non. Il est véritable si, au moment où vous pensez ou parlez de l'offense ou de la blessure, vous ne vivez plus aucune émotion; vous conservez le souvenir de l'offense mais votre perception de celle-ci est maintenant différente.

Le pardon n'est pas véritable si vous vivez le contraire. Si quelqu'un agissait de la même façon une fois de plus avec vous, seriez-vous capable de ressentir de la compassion? Si non, le fait de vivre à nouveau des émotions et d'accuser l'autre démontre que le pardon n'a pas été fait.

Je vis des émotions quand vient le temps d'exprimer mon amour, mon attachement pour les personnes que j'aime et que je n'y arrive pas. Pourquoi suis-je ainsi?

Vous n'avez sûrement pas appris à vous exprimer ainsi étant jeune et vous avez probablement souffert de ne pas avoir reçu d'amour sous ses différentes formes d'expression. Il est fort probable que vous ayez décidé à cette époque-là qu'il était “bien” d'exprimer son amour aux autres et “mal” de ne pas le faire. Ceci est une croyance basée sur votre souffrance du passé. C'est cette croyance qui vous fait vivre des émotions et non le fait que vous ne vous exprimez pas!

Vérifiez avec ceux que vous aimez s'ils sont réellement dérangés par le fait que vous ne pouvez pas leur exprimer votre amour ouvertement. En vous donnant le droit d'être ainsi pour le moment, en arrêtant de vous juger, les autres vous en donneront aussi le droit. C'est seulement après cette étape que votre attitude a des chances de se transformer. Graduellement, vous commencerez à vous exprimer davantage.

J'ai un commerce et j'ai un compétiteur qui me fait vivre beaucoup d'émotions. Il coupe les prix très bas et fait tout pour me faire disparaître. Est-il nécessaire que j'aille le voir en personne pour lui pardonner?

Vous avez beaucoup plus de chances de régler la situation entre vous deux si vous le voyez en personne. Vous avez probablement les mêmes peurs tous les deux. Exprimez-lui de vive voix ce que vous vivez, sans l'accuser surtout, et demandez-lui s'il veut vous aider à trouver un moyen pour que vous puissiez tous les deux faire de bonnes affaires. Comment savez-vous si ce n'est pas ce qu'il désire lui aussi? Il n'en est peut-être même pas conscient ou il ne sait peut-être pas comment s'y prendre.

Alors allez-y, soyez brave. De toute façon, qu'avez-vous à perdre? Vous risquez déjà de perdre votre commerce si la situation présente continue. Alors, vous avez plus à gagner qu'à perdre en utilisant une approche différente. Je suis assurée que lui aussi, de son côté, vit cette situation difficilement. Vivre des émotions sans cesse est très fatigant. Vous avez tous les deux besoin de votre énergie pour bien gérer votre commerce, ne pensez-vous pas?

J'ai demandé pardon à ma petite soeur en lui disant que ça me faisait du bien au coeur et elle m'a traité d'égoïste disant que je ne pensais qu'à moi. Elle ne veut pas faire la paix. Que puis-je faire d'autre?

Je ne sais pas quelle offense votre petite soeur a subie mais ça semble être encore très douloureux pour elle. Vous semblez vouloir qu'elle vous pardonne afin de vous sentir bien. Se pourrait-il que c'est parce que vous ne vous êtes pas pardonné vous-même de ce que vous lui avez fait vivre? Comment les autres peuvent-ils vous pardonner si vous croyez vous-même que c'est impardonnable?

Oubliez donc votre petite soeur pour le moment et commencez par vous aimer; donnez-vous le droit de ne pas avoir toujours été un modèle.

Au fond, elle avait raison lorsqu'elle vous a traité d'égoïste car un égoïste recherche son plaisir, son intérêt au détriment de celui des autres. Vouloir qu'elle vous pardonne sans prendre en considération sa propre douleur est un acte égoïste.

Lorsque vous vous serez pardonné, vous verrez que votre petite soeur aura une attitude différente avec vous puisque vous aurez vous-même une attitude différente avec elle. Même sans paroles, le vrai pardon se ressent à distance. Le pardon est aussi puissant que ça.

Comment pardonner à ma mère de 78 ans à qui je dois me rapporter deux fois par jour? Elle est malade, autoritaire, manipulatrice et dominatrice. Elle ne veut pas couper le cordon avec moi.

Saviez-vous que vous pouvez vous-même couper le cordon? Vous n'avez pas besoin d'attendre que ce soit elle qui le fasse! Dans votre question, je sens que vous vivez beaucoup plus de colère envers vous-même qu'envers votre mère. Vous vous en voulez sûrement de vous laisser manipuler autant et d'avoir abandonné tout votre pouvoir à votre mère.

Vous avez besoin de vous pardonner et de ressentir de la compassion envers vous-même. Par contre, comme il est plus facile de pardonner aux autres qu'à soi-même, commencez par votre mère en faisant toutes les étapes de pardon suggérées à la fin de ce livre.

J'ai été abusée par l'un des frères de ma mère qui habitait la maison familiale. Je n'ai jamais aimé cet oncle. Dois-je pardonner à mon oncle ou à ma mère? Si pardonner signifie que je dois souhaiter du bien à mon oncle, merci mais ça ne m'intéresse pas.

Si vous avez accusé votre mère de quoi que ce soit dans cette situation, oui, vous avez à lui demander pardon.

En ce qui concerne votre oncle, il est évident que vous ne voulez pas lui pardonner. Sachez qu'en gardant cette rancune, ce n'est pas votre oncle que vous punissez mais vous-même. Cette rancune ou peut-être même cette haine vous grugera petit à petit, vous enlevant une bonne partie de votre énergie. De plus, vous vous créez un blocage au niveau sexuel et un problème d'acceptation envers les hommes en général.

Vous voyez que vous auriez grand intérêt à réviser votre décision. Faites-le par amour pour vous. Vous n'avez pas besoin de vouloir punir votre oncle. La loi de cause à effet s'en occupe. S'il mérite quoi que ce soit, ce sera fait. Cette loi est immuable: chacun sur cette planète récolte ce qu'il a semé en fonction de ses intentions.

Pouvez-vous me donner un exemple sur la façon d'aborder l'autre lors d'un pardon. Je veux avoir une approche qui soit la plus facile possible.

L'approche que je suggère est écrite en détails dans la conclusion de ce livre, suite à la description des étapes à suivre pour arriver au pardon véritable.

L'autre jour, un montant d'argent a disparu de mon sac à main et j'ai tout de suite pensé que c'était mon fils qui l'avait pris. Puis, le lendemain, j'ai retrouvé cet argent ailleurs. Dois-je demander pardon à mon fils de l'avoir injustement accusé, alors qu'il ne sait même pas que je l'ai soupçonné?

Oui, il est préférable de lui avouer ce que vous avez pensé car il a perçu votre accusation mentalement de toute façon. Il n'en est probablement pas conscient mais ces pensées sont encore là, flottant entre vous deux. Elles sont ce que j'appelle de la poussière mentale et ne peuvent que créer un malaise entre vous.

Toute accusation, critique ou jugement crée un lien invisible entre les deux personnes dans le plan mental. Le pardon a la capacité de faire disparaître ce lien, c'est-à-dire de transformer ce lien ou cette poussière mentale en une belle lumière brillante. C'est la raison pour laquelle pardonner est aussi énergisant. N'oubliez surtout pas de vous pardonner d'avoir accusé votre fils.

Vous dites dans les étapes du pardon de ne pas dire à l'autre: *"Je te pardonne pour..."* car cette personne peut ne pas avoir vu d'offense dans ce qu'elle a fait. Devons-nous suivre cela même quand il y a eu une vraie offense, comme l'inceste? Le père doit sûrement savoir qu'il a commis une offense!

Je sais que cela peut paraître impensable mais oui, certains pères arrivent à se faire accroire qu'ils n'ont commis aucune offense. De toute façon, le but du pardon ne doit jamais être de prouver à l'autre qu'il a commis une offense mais seulement pour retrouver la paix d'esprit et pour avoir une vie dirigée par l'amour plutôt que par la rancune.

De plus, personne au monde n'a le pouvoir de vraiment pardonner pour l'autre. Même si vous pardonnez au plus profond de votre coeur à votre père d'avoir commis l'inceste avec vous, il ne sera vraiment pardonné qu'au moment où il se pardonnera lui-même. Le fait de pardonner à l'autre n'est qu'une étape pour vous aider à vous pardonner vous-même.

J'ai connu de nombreuses personnes qui ont été capables d'avouer qu'elles s'en voulaient davantage à elles-mêmes à cause du fait qu'elles avaient aimé leurs premières expériences incestueuses. Voilà la nécessité du pardon de soi.

Cela ne veut pas dire que ces personnes sont d'accord avec ce qu'elles ont vécu. Elles avouent simplement que ces moments étaient les seuls où elles se sentaient spéciales, aimées et désirées. Je ne parle pas ici d'inceste accompagné de violence. La violence est une expérience différente à vivre et à pardonner.

Comment arrive-t-on à demander pardon à un orgueilleux chronique?

On demande pardon à un orgueilleux comme à toute autre personne. S'il est si orgueilleux, il sera heureux de ne pas se faire accuser! En effet, quand on demande sincèrement pardon, l'autre ne se sent pas du tout accusé.

L'orgueilleux chronique a très peur de se faire accuser; il se rejette tellement qu'il est toujours en train de s'accuser de quelque chose. Il n'a donc pas besoin de recevoir d'accusations des autres; il s'en occupe lui-même. C'est pour cette raison qu'il est autant sur la défensive.

Ayant été emprisonné pendant plusieurs années bien que complètement innocent, comment faire

pour pardonner à celui qui m'a fait condamner et qui est le "vrai coupable"?

Un tel pardon est sûrement très difficile à faire mais c'est aussi une belle occasion d'ouvrir votre coeur. De graves injustices humaines comme la vôtre ont leur cause en général dans une vie précédente.

Vous pourrez y arriver seulement en acceptant la loi de cause à effet qui dit que nous avons créé nous-même tout ce qui nous arrive, c'est-à-dire que nous l'avons mis en mouvement par une pensée, un désir ou une action.

C'est sûrement dans votre plan de vie actuel que de venir apprendre qu'il n'y a que de la justice divine dans ce bas monde et d'accepter le fait que l'apparence d'injustice appartient au monde humain. En pardonnant au vrai coupable, vous vous libérerez de toute autre injustice humaine car vous n'y croirez plus.

Vous donnerez, en plus, une chance à l'autre de se pardonner également par votre exemple. S'il ne se libère pas en avouant sa faute, il aura à récolter tôt ou tard les effets de son mensonge. C'est pourquoi vous n'avez pas à le punir vous-même en lui en voulant ou en le méprisant. Au contraire, cette rancune vous emprisonne davantage mais cette fois-ci, psychologiquement.

Lorsqu'on pardonne à quelqu'un, peut-on terminer notre relation avec cette personne sans souffrir dans notre coeur?

Oui, c'est possible mais seulement si vous vous êtes donné le droit d'avoir des limites et de ne plus pouvoir continuer la relation. Si cette séparation est faite dans l'accord et l'harmonie, c'est signe que le pardon est fait.

Il y a un geste que quelqu'un me refait sans cesse et cela m'atteint toujours négativement. Est-ce que le fait de pardonner aidera pour les gestes passés et futurs?

Lorsque le pardon sera fait, vous n'aurez plus la même perception de ce geste. Même si vous n'êtes pas d'accord, ce geste ne vous affectera plus. Vous comprendrez cela lorsque vous aurez effectué un pardon véritable.

Lorsque mon conjoint me dit: *"Vas-tu me pardonner si on se quitte un jour?"*, comment puis-je agir et que puis-je lui répondre?

Voilà une personne qui se sent coupable à la seule idée de vous quitter. Si effectivement vous vous laissez, votre conjoint est le genre de personne qui éprouvera beaucoup de difficulté à se pardonner lui-même. C'est pour cette raison qu'il recherche tant votre pardon.

Je vous suggère de l'aider au niveau de la culpabilité en le faisant parler de ce qu'il vit présentement. De plus, vous pouvez lui expliquer que ce qui est important, ce n'est pas que vous lui pardonniez mais bien que lui se pardonne.

Est-ce que le fait de décider d'ignorer quelqu'un, de ne plus lui parler plutôt que de lui pardonner est de l'orgueil ou est-ce de l'indifférence?

C'est de l'orgueil car c'est votre ego qui souffre et qui décide que l'offense commise par cette personne est impardonnable. Mais n'oubliez pas que vous n'êtes pas votre ego. Votre coeur désire toujours pardonner et tant que vous laisserez votre ego diriger votre vie, c'est vous qui en souffrirez le plus. Prenez le temps qu'il vous faudra pour arriver à pardonner mais n'accusez pas l'autre si vous vivez des émotions.

Ignorer quelqu'un ne règle rien car aussitôt qu'une autre personne aura le même comportement avec vous, vous revivrez les mêmes souffrances. Si c'était de l'indifférence, il n'y aurait aucune émotion; vous vous sentiriez détaché tout en ayant la paix d'esprit.

Depuis que j'ai demandé pardon à mon ex-mari et qu'il m'a répondu: *"Je n'ai rien à te pardonner"*, je sens que je suis restée sur quelque chose d'inachevé. Comment puis-je me sentir mieux, soulagée?

Vous êtes un autre exemple de quelqu'un qui attend le pardon de l'autre pour se sentir mieux. Ce qui est inachevé est l'absence de votre propre pardon face à vous-même. Même si votre ex-mari vous disait qu'il vous pardonne, vous ne feriez que vivre l'illusion de vous sentir mieux. Vous seule avez le pouvoir de vous pardonner. Pour ce faire, je vous réfère à la quatrième étape du pardon décrite à la fin de ce livre.

J'ai eu un gros conflit avec une amie et après quelques tentatives pour le régler, elle dit qu'il ne s'est rien passé, qu'elle ne ressent rien. Comment

régler ce conflit pour me sentir mieux avec moi-même?

Deux personnes qui perçoivent un même événement d'une façon tout à fait différente est une situation beaucoup plus fréquente qu'on le pense. Il se peut que votre amie soit une personne rigide qui se refuse à sentir quoi que ce soit, donc elle ne veut pas voir le problème. Elle peut aussi faire partie de ces personnes qui sont tellement optimistes dans la vie qu'elles refusent de voir quelque problème que ce soit car ce genre de personne veut éviter la souffrance à tout prix.

Pour vous sentir mieux, avouez à votre amie ce que vous avez perçu en lui demandant et en acceptant sa version des faits, même si elle est différente de la vôtre. Si vous l'avez accusée de quoi que ce soit, vous aurez aussi à le lui avouer et à faire votre processus de pardon envers vous-même.

Comment le fait de garder ou contrôler nos émotions peut-il nous rendre malade?

Le fait de retenir ou contrôler ses émotions crée des blocages dans le corps émotionnel qui est le corps des désirs et des sensations. Le corps émotionnel de l'humain a été créé pour désirer et ressentir, étapes essentielles pour pouvoir créer dans le plan physique.

Le corps mental, pour sa part, a été créé pour satisfaire les désirs du corps émotionnel en trouvant les moyens disponibles et nécessaires pour y arriver. Le mental utilise donc sa mémoire et sa faculté d'analyser et de rationaliser afin d'aider le corps émotionnel à manifester quelque chose sur le plan physique. Nous ne pouvons rien créer sur cette planète si nous n'utilisons pas les trois corps nous permettant de vivre dans la matière, c'est-à-dire les corps mental, émotionnel et physique.

On vit une émotion lorsque l'ego, qui est lui-même une création du plan mental, bloque un de nos désirs en nous disant que c'est mal, pas correct, égoïste, inacceptable, etc. L'ego, en prenant le dessus, parvient à empêcher nos corps mental, émotionnel et physique de manifester l'amour véritable, c'est-à-dire se donner le droit, ainsi qu'aux autres, d'avoir des désirs, des limites, des peurs, etc. sans jugement ni accusation. Aussitôt qu'il y a critique ou accusation, nous savons que nous avons laissé notre ego prendre le dessus.

Voilà pourquoi, lorsqu'il y a blocage intérieur, il y aura éventuellement un blocage au niveau physique, c'est-à-dire un malaise ou une maladie. Selon la réserve d'énergie que possède une personne, elle aura une capacité plus ou moins grande de vivre des émotions avant que cela affecte son corps physique. C'est lorsque la personne a épuisé sa réserve qu'elle manque d'énergie et que son corps physique, qui est aussi alimenté par le corps d'énergie, est affecté.

La maladie est donc le signal que le corps physique envoie pour que la personne prenne conscience du besoin de s'occuper de ses émotions refoulées, contrôlées et des croyances non bénéfiques qui causent ces émotions.

En tant que victime d'agression sexuelle, comment puis-je nourrir mon mental pour enfin arriver à pardonner?

Je sens que votre désir de vouloir pardonner est sincère et c'est déjà la moitié du chemin de fait pour y arriver. Je sais que certaines offenses sont plus difficiles à pardonner que d'autres. Mais lorsque vous êtes de ceux qui ont eu à subir quelque chose de plus difficile, la récompense qui vient avec le pardon est d'autant plus grande.

Quand vous arriverez à avoir de la compassion pour la grande souffrance de votre agresseur, le pardon deviendra plus facile à faire.

Continuez à nourrir le désir d'y arriver et vous récolterez dans les faits ce que vous aurez semé dans vos pensées.

Comment ne pas vivre d'émotions avec ma brue qui n'a jamais les mêmes idées que moi? Je dois tout faire à son goût, jusqu'à acheter des vêtements trop chers pour mes moyens pour mon petit-fils. J'ai essayé de la laisser faire mais je vis encore plus d'émotions.

Pour lâcher prise, vous aurez à vous rendre à l'évidence que votre brue peut diriger sa vie comme elle l'entend, même si vous n'êtes pas d'accord. Elle est sûrement dans votre vie pour vous permettre d'apprendre à diriger votre propre vie. Commencez par acheter ce que vous voulez et si elle ne l'aime pas, elle peut le donner à quelqu'un d'autre. C'est ce qu'on appelle donner un cadeau sans attentes. Si vous ne pouvez pas le faire, il est préférable que vous n'achetiez rien.

Je vous suggère aussi de noter sur une feuille tout ce qui vous dérange chez votre brue. Vous verrez que ce sont des parties de vous que vous n'acceptez pas encore; vous ne vous donnez pas le droit d'être ainsi. C'est pour cette raison que votre brue a autant d'effet sur vous. Au fond, vous êtes semblables toutes les deux.

Quand vous aurez accepté ce que vous avez à apprendre avec elle, il vous sera plus facile de faire les étapes du pardon mentionnées à la fin de ce livre avec votre brue. C'est seulement en faisant le pardon que vous parviendrez à établir une belle relation entre vous deux. N'est-ce pas ce que vous désirez, considérant les nombreuses années qui restent à vous côtoyer?

Qu'est-ce qui fait que je finis toujours par haïr ceux à qui je dois de l'argent?

Vous avez probablement un caractère envieux; vous ne vous donnez pas le droit d'avoir moins d'argent qu'eux et d'avoir des dettes. De quoi vous accusez-vous? Apprenez plutôt à vous aimer, à voir vos belles qualités. Vous aurez à apprendre à être heureux dans votre situation présente avant que celle-ci puisse se transformer et que vous arriviez à avoir plus d'argent.

J'en veux à mon mari de ne pouvoir me promettre la fidélité. Comment arriver à lui pardonner?

Je vous suggère de lire la réponse donnée à la dame qui a de la difficulté à pardonner l'alcoolisme de son mari (voir page 28).

Quoi faire lorsque je suis en état de crise et que je ne peux pas faire ce que je sais théoriquement parce que mes émotions trop fortes prennent le dessus?

Le fait que vos émotions deviennent fortes à ce point démontre que vous vous contrôlez beaucoup et que l'état de crise dont vous faites mention se produit au moment où vous avez dépassé vos limites. Vous perdez alors le contrôle.

Comme solution, je vous propose de moins vous contrôler et d'exprimer davantage vos émotions au fur et à mesure que vous les ressentez. Comme autre solution, je vous suggère de vous donner le droit d'être en état de crise. Vous n'êtes pas une mauvaise personne pour autant. Vous avez seulement dépassé vos limites et avez perdu le contrôle. En ayant de la compassion pour vous-même, vous arriverez un jour à mieux vous maîtriser.

Au travail, il y a sans cesse de la compétition pour obtenir de l'avancement. Tous les moyens sont bons pour mes collègues. Comment puis-je me défendre contre ce harcèlement et cette calomnie?

Comme solution, je pourrais vous répondre: *"Si c'est trop pour vous, quittez ce travail!"* mais je ne crois pas que ce soit un hasard que vous vous soyez retrouvé dans un tel milieu de travail. Êtes-vous bien sûr de ne pas agir comme vos collègues de travail, mais en pensée seulement? N'auriez-vous pas parfois le désir secret de harceler certaines personnes? Si oui, vérifiez ce qui se passe en vous à ce moment-là; je suis assurée que vous découvrirez certaines peurs.

Après les avoir identifiées, vous devrez accepter le fait que vos collègues de travail vivent les mêmes peurs. Il est donc très important pour vous de prendre le temps de parler avec ceux qui vous dérangent pour leur exprimer ce que vous vivez mais sans les accuser. Vérifiez avec eux s'ils vivent les mêmes peurs que vous.

En faisant toutes les étapes du pardon, vous réglerez un gros problème dans votre vie. Après ce processus, que vous continuiez à travailler au même endroit ou non, l'atmosphère y sera totalement différente. Changer d'emploi maintenant sans faire votre démarche intérieure ne réglera la situation que temporairement.

Cependant, si vous êtes incapable de continuer parce que vous êtes rendu au-delà de vos limites, vous pouvez faire ce choix. Mais sachez toutefois que ce genre de compétition reviendra un jour ou l'autre dans votre vie, afin de vous permettre de faire votre processus. Par contre, en ayant pris un peu de repos, vous serez peut-être plus fort et mieux équipé pour y faire face.

Quelle que soit votre décision, cette expérience sera bonne pour vous. Elle sera simplement une route possible vous permettant d'arriver à la paix d'esprit. La vie est ainsi: nous avons toujours de multiples choix de routes à prendre. Parfois la route la plus directe n'est pas nécessairement la plus facile. Le degré des difficultés encourues est toujours en fonction du degré de résistance de notre ego.

Comment puis-je arriver à modifier mon attitude face à mon père qui a préféré mon frère à moi? Comment ne plus revivre ce rejet avec les hommes dans ma vie?

La seule façon que je connaisse est d'arriver à vous mettre dans la peau de votre père. Est-il possible qu'il ait de la difficulté à accepter la femme en général? Selon moi, cela est plus que probable. De plus, soyez attentive sur la façon dont il parle de sa mère. Votre père a dû être déçu d'elle et, selon le degré de rancune qu'il a gardé envers elle, il demeure ferme dans sa décision de non acceptation de sa mère et par conséquent, des femmes en général. Votre père a sûrement plus de difficulté avec les femmes qui lui rappellent sa mère. Cet état de fait a été vérifié dans de nombreux cas et s'est avéré vrai dans chacun des cas.

Alors, si votre père est encore vivant, je vous suggère fortement de lui poser des questions au sujet de sa relation avec sa mère lorsqu'il était jeune. Cela vous aidera à avoir de la compassion pour lui. S'il n'accepte pas les femmes, il n'accepte pas plus la femme en lui, c'est-à-dire sa partie intuitive, ses désirs, sa douceur, etc. En lui pardonnant, vous ouvrez votre coeur et vous lui donnez aussi une chance d'ouvrir le sien. Qui sait, peut-être que cela lui permettra de se pardonner d'avoir critiqué sa propre mère.

Si votre père est décédé, vous pouvez le faire venir en pensée. Lorsque vous êtes bien détendue, visualisez-vous avec lui en train d'avoir la même conversation. Ce moyen n'est pas aussi facile que si vous le voyiez en personne mais il produit tout de même des résultats intéressants.

Que puis-je faire avec mon épouse qui, à la moindre dispute, prend le téléphone et fait tout pour

abaisser la personne avec qui elle s'est disputée, à qui veut bien l'entendre? Elle raconte tout à sa façon.

Votre épouse doit manquer beaucoup d'estime et d'amour envers elle-même. Elle a laissé son ego prendre beaucoup d'ampleur dans le but de protéger sa vulnérabilité, ses peurs et pour cacher sa souffrance. Sentez sa souffrance, ayez de la compassion pour elle. Questionnez-la sur ce qu'elle vit sans l'accuser, sans la juger ou la condamner. Elle le fait déjà suffisamment elle-même. Elle fait aux autres ce qu'elle se fait à elle-même. Elle peut ne pas s'en rendre compte mais c'est tout de même ce qui se passe.

Avec de l'amour et de la patience, vous pouvez beaucoup l'aider à modifier son attitude. Même si votre épouse n'est pas ouverte à parler de ce qu'elle vit de prime abord, elle recevra l'amour et la patience que vous ressentez et la transformation se fera graduellement.

Je vis beaucoup de colère par rapport à ma vie sexuelle avec mon mari. Il a un moins grand besoin que moi et je me tape sur la tête d'avoir un besoin si grand. Que faire?

Il est certain que votre attitude actuelle ne règle rien. Avez-vous parlé en profondeur tous les deux de ce que vous vivez par rapport à votre vie sexuelle? Est-il possible que lui aussi se sente coupable de ne pouvoir satisfaire vos besoins?

Vous devez, tous les deux, vous donner le droit d'avoir des besoins différents pour le moment. C'est la meilleure méthode pour que des transformations soient possibles. Qui sait? Vous en arriverez peut-être un jour à un juste milieu. En attendant, tentez ensemble d'en arriver à une entente pour que les deux vivent cette situation le plus facilement possible. En ayant des attentes face à vous-même, vous ne réussissez qu'à être davantage frustrée. Lâchez prise.

Est-ce possible que je n'accepte pas mon fils parce qu'il me rappelle un comportement de mon père que je ne pouvais tolérer lorsque j'étais jeune? Comment faire pour accepter cet enfant aujourd'hui?

Votre réponse est contenue dans votre question. Il est évident que vous avez à pardonner à votre père mais aussi à vous-même. Vous devez vous pardonner d'en avoir tant voulu à votre père.

Vos chemins de vie se sont croisés dans le but de vous aider à accepter le genre de comportement que votre père avait. Le plan divin ne se trompe jamais. L'Univers s'occupe sans cesse de placer sur notre route les personnes dont nous avons besoin pour nous permettre de grandir dans l'amour, ce qui répond au désir profond de tous les humains. Voilà pourquoi votre fils a ce genre de comportement avec vous.

Au moment où vous n'en voudrez plus à votre père et que vous vous serez pardonné de l'avoir jugé, vous ne verrez plus votre fils de la même façon. Vous aurez l'impression que c'est un nouvel enfant. C'est ainsi qu'on sait que le pardon est complété. Mais d'ici là, hâtez-vous d'expliquer à votre fils que votre attitude face à lui n'a rien à voir avec lui.

Dans votre premier livre, vous expliquez qu'il faut s'assurer qu'une relation soit vraiment terminée avant de laisser notre conjoint. Sinon la même situation se répétera à nouveau avec un nouveau conjoint. Cela veut-il dire que si je vis beaucoup d'émotions avec mon conjoint, si je suis toujours en réaction, je ne peux pas le quitter?

Je dis dans mon livre que si vous quittez un conjoint parce que vous êtes incapable d'accepter un aspect de lui, vous retrouverez ce même aspect sous un autre visage: votre prochain conjoint, un patron, un enfant, un collègue de travail, etc. Nous sommes ici sur Terre pour apprendre à accepter toutes nos différentes parties. Ce que vous voyez en lui sont certaines de vos parties que vous n'avez pas encore acceptées en vous-même. L'idéal est d'apprendre à vous connaître à travers lui plutôt que de l'accuser de vous faire vivre des émotions et ce, sans vous contrôler, sans rien refouler et sans le quitter.

Si toutefois vous ne vous sentez pas prête à faire ce travail intérieur et que vous voulez mettre un terme à votre relation, donnez-vous le droit de remettre ce processus à plus tard. Si vous quittez votre conjoint, il serait bon de le faire dans la paix et l'harmonie, en acceptant que votre décision n'a rien à voir avec lui. Si votre réaction face à lui est trop douloureuse, vous avez le droit de décider de ne pas continuer. Si vous adoptez cette ligne de conduite, la séparation se fera plus facilement.

Vous devez, par contre, réaliser que les aspects de lui que vous ne pouviez pas accepter vont certainement ressurgir dans votre vie à travers quelqu'un d'autre, un jour ou l'autre. D'ici ce temps, vous serez peut-être plus en mesure d'y faire face. L'important est de ne pas accuser l'autre et d'être consciente que si vous mettez fin à votre relation, c'est bien parce que vous ne voulez pas regarder les parties de vous que votre conjoint vous reflète.

Que puis-je faire avec un mari qui est très rancunier et qui boude sans cesse?

Veuillez lire la réponse à la question précédente de ce livre ainsi que la réponse à la question sur l'épouse qui fait tout pour abaisser les autres à la page 72. Ces deux réponses conviennent très bien à votre question.

Par contre, je vous rappelle qu'il est important de respecter vos limites dans cette relation. Si votre mari refuse définitivement votre aide, faites-lui part de votre seuil de tolérance et de vos limites.

Je suis la mère d'un petit garçon de six ans et j'ai peur que mes émotions se répercutent sur son comportement. Que dois-je faire?

Vous êtes humaine donc vous vivez des émotions. C'est normal. L'humain arrêtera de vivre des émotions lorsqu'il n'aura plus d'ego. En connaissez-vous qui ont atteint ce stage? Il y en a très peu sur cette planète!

Alors, donnez-vous le droit de vivre des émotions et d'être humaine. Votre fils vous a choisie pour ce que vous êtes. Expliquez-lui vos craintes. Questionnez-le sur ce qu'il vit lorsqu'il vous voit vivre des émotions et lorsque lui-même en vit. Expliquez-lui ce qu'est une émotion et le meilleur moyen pour la transformer en amour.

Vous pourriez trouver ensemble un moyen de vous aider l'un et l'autre lorsque vous vivez des émotions. Les enfants adorent être complices avec leurs parents. Cela les aide à sentir davantage leur propre importance.

Pourquoi mes enfants continuent-ils à être agressifs envers moi? Ils me critiquent beaucoup et semblent m'en vouloir.

La première étape consiste à leur poser cette question. Par contre, avant de pouvoir recevoir d'eux une réponse qui vous soit satisfaisante, vous devez d'abord arrêter de les accuser. En effet, je sens de l'accusation envers vos enfants dans votre question. Les accusez-vous d'être ingrats? Injustes? Incompréhensifs? Égoïstes? Il est très important que vous acceptiez la responsabilité de ce qui vous arrive, c'est-à-dire que vous reconnaissiez le fait que ce que vous récoltez avec vos enfants vient d'une attitude intérieure que vous n'avez pas encore acceptée.

En faisant les différentes étapes du pardon suggérées à la fin de ce livre, il est très probable que la relation avec vos enfants se transformera complètement.

Si vous voulez améliorer votre qualité de vie, c'est à vous de faire votre processus de pardon et non à vos enfants. Si vos enfants souffrent trop dans le moment pour pouvoir vous pardonner, vous devez respecter leur choix. Ils le feront quand leur attitude les aura suffisamment fait souffrir, c'est-à-dire lorsqu'ils auront atteint leur limite de tolérance à la souffrance engendrée par la rancune.

Que puis-je faire pour arrêter de vivre de la colère lorsque j'ai besoin de me reposer et que mon conjoint fait sans cesse beaucoup de bruit? Selon lui, il ne le fait pas exprès.

Si vous avez parlé à votre conjoint de ce que vous vivez, que vous lui avez demandé à plusieurs reprises de faire moins de bruit mais que ça continue, c'est que vous devez aller plus en profondeur. Demandez à votre conjoint s'il vous trouve bruyante dans certains domaines. Il y a sûrement une ou des situations où vous faites du bruit (ça peut être en paroles) et où vous ne vous acceptez pas.

Nous ne pouvons pas accepter des autres ce que nous n'acceptons pas de nous-même. Nous avons besoin des gens qui nous entourent pour justement nous permettre de découvrir ces aspects non acceptés. Lorsque vous le saurez, partagez-le avec votre conjoint en faisant les étapes du pardon suggérées à la fin de ce livre. Par la suite, de deux choses l'une: soit que votre conjoint fasse moins de bruit, soit que son bruit ne vous dérange plus.

Je veux aider mon conjoint à régler un problème mais comment arriver à le faire en sachant que c'est son problème et sans m'impliquer de façon émotive?

Référez-vous à la réponse donnée à la personne qui a de la difficulté à différencier ses émotions de celles des autres à la page 27 de ce livre. Elle répond très bien à votre question.

Comment vivre ma grossesse sans colère alors qu'elle est la conséquence d'un viol? Quelle attitude me suggérez-vous avec cet enfant pour qu'il se sente

désiré, qu'il devienne une personne épanouie et en bonne santé?

Par votre question, je vois que vous voulez le meilleur pour votre enfant. L'essentiel est déjà là. Pour que votre enfant soit heureux, l'exemple donné demeure le meilleur moyen.

Mais vous ne pourrez être vraiment heureuse vous-même qu'après avoir fait le pardon avec celui qui vous a violé en suivant chacune des étapes à la fin de ce livre. Ce faisant, votre colère ne fera plus obstacle à votre bonheur. Votre enfant sentira que vous êtes dans votre coeur et, en ayant de la compassion pour celui qui vous a violé, vous aiderez votre enfant à ne pas en vouloir à son père biologique.

Pouvez-vous m'expliquer le lien entre l'approche du miroir et les émotions? Aussitôt que je vis une émotion avec quelqu'un, j'ai tout de suite tendance à faire le miroir avec cette personne. Est-ce suffisant pour régler mes émotions?

Faire le miroir est une excellente idée car cette technique vous permet de faire les trois premières étapes du pardon mentionnées à la fin de ce livre et, même souvent, la quatrième étape. Pour être sûr que ces étapes sont bien faites, il ne vous reste plus qu'à poursuivre avec les autres étapes, c'est-à-dire aller exprimer vos émotions à la personne concernée. Vous êtes ainsi presque assuré de ne plus revivre les mêmes émotions dans les mêmes circonstances.

Lorsqu'une de mes amies se fâche, elle ne veut plus m'écouter et elle s'en va dès que je lui dis que je ne suis pas d'accord avec elle. Cela me fait vivre

de la frustration et de la peine. Comment ne plus vivre ces émotions et que dois-je faire avec cette amie?

D'après l'attitude de votre amie, elle semble se sentir attaquée ou critiquée par vous. Je vous suggère donc de lui demander comment elle perçoit ce que vous lui dites lorsque vous n'êtes pas d'accord avec elle. Qu'entend-elle? Elle vous entend peut-être dire que vous la trouvez ridicule, ignorante, stupide... qui sait? Trouvez ensemble une façon de lui donner votre opinion sans que cela ne la blesse.

En ce qui vous concerne, êtes-vous certaine qu'il n'y a aucune accusation ou critique envers votre amie lorsque vous lui dites que vous n'êtes pas d'accord? N'y aurait-il pas en vous un désir inavoué de la faire changer d'opinion?

Ce n'est pas par hasard si vous entretenez des liens d'amitié avec cette personne et qu'elle ait ce genre de comportement avec vous. Vous apprendrez beaucoup toutes les deux en allant au fond des choses à ce sujet.

Comment puis-je accepter et finir par oublier le fait que ma propre mère ait déjà désiré me tuer?

En présumant que vous êtes du sexe féminin, la réponse à la question sur le père qui a préféré son fils à sa fille, à la page 71 convient très bien à votre question. Je vous suggère de la lire. Si vous êtes du sexe masculin, votre mère aurait eu de la difficulté avec son père et les hommes en général.

En détestant sa propre fille au point de désirer la voir morte, votre mère ne faisait qu'exprimer sa propre haine face à elle-même.

Pardonner à votre mère et à vous-même n'est pas synonyme d'oublier; cet événement est enregistré dans votre mémoire. Ce que vous oublierez avec le pardon, c'est la perception de cet événement. Vous modifierez et remplacerez cette perception par une autre lorsque vous aurez réussi à sentir la souffrance de votre mère.

J'ai réussi à arrêter de fumer il y a six ans. Ma fille de 16 ans fume maintenant en cachette. Cela me frustre énormément car c'est elle qui m'a conditionnée à arrêter de fumer. Dois-je la faire arrêter comme elle l'a fait avec moi ou dois-je lui donner la permission de fumer?

Hâtez-vous de parler ouvertement avec votre fille de ce que vous vivez. Demandez-lui ce qu'elle vit. Il est facile de présumer qu'elle doit s'en vouloir de fumer, car si elle trouvait cela inacceptable il y a quelques années, elle doit encore trouver cela inacceptable maintenant. Elle doit s'accuser intérieurement. En vérifiant avec elle, cela vous permettra d'avoir plus de compassion pour elle et d'apprendre des choses sur vous-même.

Pour votre part, avez-vous arrêté parce que vous le vouliez vraiment ou avez-vous arrêté en vous contrôlant dans le but de plaire à votre fille? Se peut-il que vous désiriez encore fumer?

Lorsqu'une personne se défait d'une habitude quelconque parce qu'il est dit que c'est "mal", cette décision est une décision dite "mentale" parce qu'elle amène la personne à se contrôler. C'est la raison pour laquelle celle-ci éprouve beaucoup de difficulté à tolérer ceux qui se donnent le droit d'avoir cette habitude. Cela explique pourquoi, lorsqu'une personne ne peut plus se contrôler et perd le contrôle, elle recommence son ancienne habitude avec plus de force.

Voilà pourquoi toute décision doit venir du coeur, c'est-à-dire qu'elle doit être prise par amour pour soi-même. Je vous suggère d'encourager votre fille à prendre ce genre de décision. Par contre, si elle choisit de continuer à fumer, vous n'êtes pas obligée de le tolérer dans votre maison. Vous avez le droit d'imposer les règlements qui vous conviennent. Faites-lui part de votre préférence, écoutez la sienne et tentez d'en arriver à une entente.

J'ai la garde de mon fils de six ans. Que puis-je faire avec lui quand il perd le contrôle suite à une colère?

Un moyen qui donne de très bons résultats est de lui dire avec fermeté, en le regardant droit dans les yeux et en se baissant à son niveau: *"Je refuse de te parler dans cet état car ce n'est pas vraiment toi qui es devant moi. Redeviens toi-même et nous pourrons parler comme deux êtres intelligents."*

Pour comprendre cette méthode, vous devez l'expérimenter. Ne vous inquiétez pas de la réaction de votre enfant. Son être va savoir ce que vous voulez dire. Il comprendra le terme "intelligent". Quelques secondes suffisent en général pour que l'enfant reprenne ses esprits. Ne lui faites surtout pas la morale pour avoir perdu le contrôle. Demandez-lui plutôt ce qu'il vivait avant sa perte de contrôle, pendant et après, c'est-à-dire maintenant qu'il en est sorti. Vous avez tout à gagner et absolument rien à perdre d'essayer cette méthode.

Comment arriver à contrôler mes émotions et ma grande souffrance pour être capable de prendre des décisions qui sont nécessaires, alors que je me sens démoli, démuni et impuissant par rapport à des événements que je dois subir et auxquels je ne peux rien changer?

Par votre question, je constate que vous avez dépassé vos limites. Vous n'avez pas su reconnaître vos vrais besoins au bon moment et, maintenant, vous avez l'impression de ne plus avoir de pouvoir sur votre vie. J'ai bien dit "l'impression" car il n'est jamais trop tard. L'humain possède d'énormes ressources.

Cependant, ne vous forcez pas à prendre des décisions majeures dans votre état actuel. Je vous suggère plutôt de commencer par accepter le fait que vous avez une grande puissance intérieure comme tous et chacun sur cette planète et que vous pouvez y puiser la force nécessaire à volonté. Ensuite, ne prenez que de petites décisions, l'une à la suite de l'autre. Gardez en tête ce que vous voulez vraiment dans votre vie et faites en sorte que chaque petite décision soit prise en fonction de votre but ultime.

Souvenez-vous que personne au monde n'a le pouvoir de vous faire subir quoi que ce soit. C'est vous qui décidez de subir quelque chose ou quelqu'un. Vous pourriez décider de voir cette situation comme une expérience qui vous aide à apprendre quelque chose d'utile pour le futur. N'hésitez pas également à demander de l'aide. Quand les autres verront que vous êtes décidé à vous en sortir et prêt à faire certaines actions, ils auront davantage le goût de vous aider.

Vous dites que nos malaises et maladies sont reliés à nos émotions. Le fait de régler nos émotions va donc nous guérir? Croyez-vous alors qu'il est inutile de se faire traiter par un médecin ou par un chiropraticien?

Même si la cause d'une maladie est psychologique, il n'est pas dit de ne pas vous faire aider au niveau physique. Cela est même conseillé. En diminuant la souffrance du corps physique, il devient plus facile de trouver la cause émotive et mentale de nos malaises.

Par contre, assurez-vous de vous sentir bien avec ce qu'on vous propose comme traitement pour votre corps physique. Vous seul aurez à en subir les conséquences.

Il arrive souvent que les gens qui m'ont fait souffrir dans le passé (peines d'amour, etc.) reviennent ou me contactent à nouveau après 5 ou 10 ans. Est-ce parce que je n'ai pas réglé certains problèmes avec eux?

La réponse à cette question se trouve dans la façon que vous vous sentez en présence de ces personnes. Vous dérangent-elles? Leur en voulez-vous encore? Si oui, c'est qu'en effet, vous n'avez pas fini de régler certaines émotions ou rancunes avec elles. Si vous êtes heureux d'avoir de leurs nouvelles et que vous ne sentez aucun malaise en leur présence, c'est signe que tout est réglé. Ces rencontres vous permettent donc de vérifier votre capacité de lâcher prise et d'accepter les gens tels qu'ils sont.

Comment puis-je dialoguer avec une personne alors que je suis bouleversé intérieurement?

Si vous ne vous en sentez pas la capacité, dites simplement à l'autre que vous ne pouvez pas dialoguer pour le moment parce que vous vous sentez trop bouleversé. De plus, dites-lui que vous voulez faire un travail intérieur avant de lui parler pour pouvoir être davantage en mesure de communiquer.

Il est important de vous donner le droit d'avoir des limites. En acceptant vos limites, l'autre les acceptera aussi. Faites ensuite les quatres premières étapes du pardon suggérées à la fin de ce livre.

Lorsque quelque chose ou quelqu'un me dérange, je l'ignore totalement et je fais comme si de rien n'était. Est-ce une bonne façon d'agir? En tout cas, je trouve que cela évite bien des conflits.

En apparence, cela semble être une solution pacifiste mais elle n'arrange rien pour la personne qui en souffre le plus, c'est-à-dire vous-même. Pourquoi? Parce que les émotions que vous refoulez sont enregistrées dans votre mémoire cellulaire un peu partout dans votre corps.

Un jour, lorsque vous aurez atteint votre seuil de tolérance dans votre capacité à vous contrôler, il y aura perte de contrôle. Celle-ci peut se manifester de différentes façons: des maladies surtout au système digestif, une perte de contrôle des larmes, au niveau de la vessie, des nerfs, des muscles (tremblements) ou encore une perte de contrôle au niveau de ce que vous buvez, mangez ou de ce que vous dites.

C'est à vous de décider si vous voulez payer ce prix. Ne croyez-vous pas qu'il serait mieux pour vous d'apprendre à exprimer au fur et à mesure ce que vous vivez?

Même si vous croyez que votre solution évite des conflits, ces derniers continuent d'exister quand même. Ils demeurent présents à l'intérieur de vous et des autres personnes impliquées. Ces conflits non réglés créent des blocages intérieurs et ils sont actifs dans votre corps même s'ils sont refoulés. Pour votre bonheur à long terme, il est malsain de les ignorer.

Vous n'êtes pas obligé de tout régler tout de suite. Commencez par les petits conflits et vous verrez à quel point vous vous sentirez soulagé par la suite. Ceci vous encouragera quand viendra le moment d'affronter un plus gros conflit.

Est-ce que l'angoisse, le burnout (épuisement professionnel) et la dépression sont des maladies émotionnelles? L'angoisse et le burnout mènent-ils à la dépression?

Toute maladie dite "émotionnelle" est en réalité reliée à un problème d'ordre mental. Une émotion vient toujours d'une croyance mentale non bénéfique pour soi.

Les corps mental, émotionnel et physique étant intimement reliés, nous ne pouvons vivre un problème dans l'un de ces corps sans que les deux autres en soient aussi affectés; la seule différence est que chaque personne devient consciente du problème par l'un ou l'autre de ces corps.

Une personne peut ressentir un épuisement physique en se sentant très fatiguée, une autre, au niveau émotionnel, en vivant beaucoup d'émotions et une autre, au niveau mental, en ayant une trop grande activité mentale. Les troubles sont présents dans les trois corps mais chaque personne le ressent plus rapidement dans l'un de ses corps selon sa sensibilité et sa nature.

Un trait commun se dégage cependant: plus la maladie est grave et plus il est certain que la rancune, voire même la haine, est forte et entretenue depuis longtemps.

Selon mes observations, un burnout est indicatif d'un pardon à faire avec le parent du même sexe; une dépression, avec le parent du sexe opposé et l'angoisse, surtout envers soi-même.

La différence entre le burnout et la dépression, c'est que la personne en burnout se sait malade car elle ressent son épuisement. Elle veut s'en sortir mais tout lui semble être un effort insurmontable. Elle en est arrivée au burnout parce qu'elle se sentait en compétition avec tous, pensant devoir performer pour prouver ses compétences.

Le dépressif, quant à lui, ne croit pas à la guérison de son état; il ne lutte plus et préfère ignorer qu'il est malade. Il veut plutôt que les autres changent. Il fuit le monde.

L'angoissé, quant à lui, se sait aussi malade; il peut même combattre l'angoisse ressentie par un excès d'activités. Quand sa crise d'angoisse est passée, il peut retrouver la joie de vivre. Il espère en l'avenir bien qu'il redoute une autre crise d'angoisse qui se manifeste surtout par un mal, une douleur ressentie au niveau du coeur. Cette douleur dit à l'angoissé de s'aimer et de s'estimer davantage, d'avoir plus confiance en lui-même.

Personnellement, je n'ai jamais rencontré personne qui soit en burnout et en dépression en même temps. C'est l'un ou l'autre. J'ai eu la chance de constater la guérison de ces mal-être, c'est-à-dire un rétablissement complet et durable chez plusieurs personnes qui ont réussi à faire le pardon véritable avec leur parent et avec eux-même.

Comment fait-on pour se faire pardonner? J'ai critiqué ma fille et je l'ai jugée sur sa façon de vivre. Comment m'y prendre simplement pour rétablir la bonne communication que nous avions auparavant?

Vous n'avez pas à vous faire pardonner par votre fille. Vous devez plutôt vous pardonner à vous-même. Lorsque cela sera fait, vous n'aurez qu'à lui exprimer combien vous vous êtes accusée et que vous avez réussi à voir que c'était la partie de vous qui voulait son bonheur qui l'avait critiquée et jugée. Dites à votre fille que maintenant que vous avez fait la paix avec cette partie en vous, vous vous sentez en paix avec le fait qu'elle puisse vivre comme bon lui semble, sans que vous soyez obligée d'être toujours d'accord avec ses choix. Cela ne vous empêche pas pour autant de l'aimer telle qu'elle est.

Comment arrivez-vous à la conclusion qu'une personne qui ne demande jamais d'aide n'est pas dans son senti?

J'ai plutôt dit qu'une personne qui s'est coupée de son senti ne demande pas ou rarement de l'aide car en ne ressentant rien, elle s'empêche de reconnaître ses vrais besoins. Par contre, une personne qui ne demande pas d'aide n'est pas automatiquement coupée de son senti. C'est comme dans le cas d'une personne vivant un burnout: cette dernière a un pardon à faire mais celle qui a un pardon à faire ne vit pas nécessairement un burnout.

Une personne peut ne pas demander d'aide, ayant décidé étant jeune qu'elle devait se débrouiller toute seule parce qu'elle craignait de se faire dire non. Elle préfère agir toute seule maintenant plutôt que de se faire dire non puisque ce serait pour elle l'équivalent d'être rejetée, sans reconnaître que c'est seulement sa demande qui est rejetée. Elle prend le refus de façon trop personnelle.

Comment puis-je savoir si j'ai vraiment pardonné avec mon coeur?

Vous savez que vous avez vraiment pardonné lorsque vous pouvez vous imaginer prenant l'autre personne dans vos bras et que vous vous sentez bien à cette idée. Une autre indication est quand vous pouvez lui souhaiter du bien.

Avec vous-même, c'est la même chose. Lorsque vous pouvez vous imaginer prenant dans vos bras l'enfant blessé en vous et que vous le consolez sur sa façon de réagir à la blessure par un comportement quelconque, vous savez que vous vous êtes pardonné. La blessure en vous est guérie parce que vous ressentez un soulagement et une libération là où se trouvaient ressentiment et douleur.

Ça fait un an et demi que je veux faire le pardon avec mes parents mais je n'y parviens pas. Je remets cela à chaque fois que je les vois. Comment puis-je y arriver?

Je vois que vous avez fait les étapes un, deux, trois et cinq parmi les étapes suggérées à la fin de ce livre pour faire le pardon mais que vous avez oublié l'étape quatre, la plus importante: celle de vous pardonner. C'est pour cette raison que vous n'y êtes pas encore parvenu.

Si vous ne pouvez vous pardonner, vous croyez inconsciemment qu'eux aussi ne pourront pas le faire. Il vous reste donc à faire cette étape avant d'aller voir vos parents. Pour savoir quand elle sera faite, lisez la réponse à la question précédente.

Il y a des jours où je me sens le coeur maussade, où j'ai le goût de ne rien faire. Je me sens vide. Je ne me sens pas bien dans cet état et je n'ai aucune raison de me sentir ainsi. Que puis-je faire pour y remédier lorsque ça m'arrive?

La meilleure solution est de vous donner le droit d'être ainsi au moment où vous le ressentez. Observez-vous du mieux que vous pouvez. Observez d'abord ce qui se passe dans votre corps physique, puis dans vos corps émotionnel et mental. Notez tout ce que vous observez mais sans rien analyser, juger ou critiquer; demeurez dans l'observation de cet état. L'acceptation d'un état ou d'une situation, même quand on ne comprend pas pourquoi on vit une telle chose, est le moyen le plus rapide pour arriver à transformer cette situation et pour éventuellement comprendre pourquoi elle s'est produite.

Si vous aviez déjà pris des engagements et que vous ne pouvez vous désengager le jour où cela vous arrive, en premier lieu, faites ce que je viens de vous suggérer et ensuite faites ce que vous avez à faire tout en disant à votre corps qu'il a le droit de se sentir mal. Vous trouverez la force nécessaire pour respecter vos engagements. Désengagez-vous lorsque c'est possible.

Comment reconnaître et contrôler les émotions qui déclenchent une transpiration exagérée? Est-il possible que cela se produise quand il y a une dualité en moi, c'est-à-dire quand je m'impose de faire quelque chose que mon moi intérieur ne veut pas?

Une transpiration excessive est une autre forme de perte de contrôle dont j'ai déjà fait mention à quelques reprises dans ce livre. Elle se produit en général chez les personnes qui se sont beaucoup contrôlées dans le passé et qui n'arrivent plus toujours à le faire. Serait-ce votre cas?

L'impression de dualité que vous ressentez est probablement plus qu'une impression, je dirais même que c'est de l'intuition. Pour le vérifier, au moment où la transpiration exagérée se produit, dites merci à votre corps de vous envoyer son message et vérifiez s'il y a bien dualité en vous. Ce que vous faites répond-il à un besoin ou vous imposez-vous de le faire?

Ensuite, quelle que soit la réponse, donnez-vous le droit de prendre une décision, n'importe laquelle, sans vous critiquer. En effet, il se peut que vous ne soyez pas capable de répondre tout de suite à votre besoin même si vous en êtes conscient. C'est ce qu'on appelle "accepter sa limite". C'est l'acceptation d'une limite qui nous aide éventuellement à la dépasser. Sachez aussi que la critique vous fait plus de tort que le fait de ne pas prendre la bonne décision.

Que puis-je faire avec une personne de mon entourage avec qui je vis du ressentiment et qui me demande du soutien?

Vous devez absolument lui dire la vérité. Si vous vous forcez à l'aider, vous développerez davantage de ressentiment envers cette personne et envers vous-même et vous vous ferez ainsi beaucoup de tort.

Si vous vous sentez incapable pour le moment de faire le pardon en suivant les étapes suggérées à la fin de ce livre, avouez-lui en lui disant: *"Je ne peux pas t'aider pour l'instant car j'ai découvert que je t'en veux. Je ne suis pas prêt à en parler maintenant mais, aussitôt que je le pourrai, je t'en reparlerai."* Ainsi, vous lui donnez l'heure juste et vous vous préparez psychologiquement à faire le pardon, à régler une fois pour toutes ce que vous vivez avec cette personne.

Je vis beaucoup de colère intérieure quand je vois mon conjoint, un très bel homme, encourager les avances des autres femmes. Je n'en peux plus de me sentir ainsi. Que dois-je faire?

Avez-vous déjà exprimé à votre mari cette jalousie qui vous cause autant de colère? Si non, c'est la première étape à faire. Puis faites-le aussi parler. Que vit-il lui-même lorsque ces situations se présentent? S'il a autant besoin de se faire dire par les autres femmes qu'il est beau ou de le lire dans leurs yeux, c'est qu'il n'y croit pas lui-même. Cela peut paraître étrange mais cette attitude est très fréquente chez les belles personnes et les personnes talentueuses.

En plus de faire les étapes du pardon suggérées à la fin de ce livre, je vous suggère de regarder si votre jalousie n'a pas débuté avec votre mère ou avec une soeur. Durant votre enfance et adolescence, vous aviez peut-être un complexe d'Oedipe très fort (amour du parent du sexe opposé) et vous avez pu éprouver de la jalousie envers votre mère, une soeur ou peut-être bien une autre femme. Il se peut aussi que vous en vouliez à votre père d'encourager les avances d'autres femmes que vous. Si c'est le cas, il est important de l'exprimer aux personnes concernées et de vous pardonner.

Ayant eu de mauvaises expériences avec les hommes (nombreux rejets, abus émotifs, etc.) j'éprouve d'énormes difficultés à être bien aussitôt qu'une relation potentielle se présente. Je réalise que mon moyen de protection est la fermeture. Mon coeur ne veut plus souffrir à nouveau. N'est-ce pas mieux ainsi plutôt que de vivre beaucoup d'émotions?

Si vous croyez sincèrement que cette solution vous fait moins souffrir, alors allez-y, fermez-vous à toute nouvelle relation. Par contre, je ne suis pas sûre que ce soit la meilleure solution pour vous puisque vous semblez vous replacer souvent dans des situations où il y a possibilité de nouvelles relations. Si vous étiez aussi fermée que vous le dites, cela ne se produirait pas.

Je crois que la solution idéale pour vous serait de réaliser que vous ne faites que répéter sans cesse le passé. Pour vous sortir de ce cercle vicieux, que pensez-vous de l'idée de commencer par faire un processus de pardon avec votre père?

La peur d'être rejetée des hommes a certainement débuté avec lui. Vous a-t-il vraiment rejetée ou avez-vous seulement eu l'impression d'être rejetée? Sachez que ce qu'on appelle le rejet est seulement l'expression des limites d'une personne envers une autre personne.

Allez rencontrer votre père, parlez avec lui; faites-le parler de ce qu'il vivait lorsque vous étiez jeune. Partagez avec lui ce que vous avez vécu sans l'accuser.

Je suis convaincue que lorsque vous aurez complété les étapes du pardon avec votre père telles que suggérées à la fin de ce livre, vos relations avec le sexe opposé s'amélioreront grandement.

Quand on a une blessure jusque dans l'âme, est-ce qu'on est dans son senti ou dans ses émotions? Comment guérir cette blessure?

Pour savoir qu'une blessure est présente en vous, vous devez être dans votre senti. Par contre, cette blessure a été provoquée par des émotions vécues étant plus jeune. Une telle blessure provient presque assurément d'un grand sentiment de rejet, d'abandon ou d'injustice vécu avec l'un ou l'autre de vos parents ou avec les deux. Seul un pardon véritable peut guérir cette blessure (voir les étapes à la fin de ce livre).

J'ai pris douze kilos en deux ans. Je vis un vide affectif et j'ai des problèmes avec mon mari. Je sais que je mange quand j'ai de la peine et quand je vis des choses difficiles. Je veux m'arrêter mais je n'ai plus de contrôle. Comment reprendre mon pouvoir?

La raison pour laquelle vous recommencez toujours à manger est que vous vous en voulez de manger. Vous devez vous pardonner de remplir votre vide affectif par de la nourriture en vous acceptant et en vous donnant le droit de le faire. Vous pensez sûrement: *“Mais je vais prendre un autre douze kilos si je n'arrête pas.”* Vous accepter et vous pardonner ne veut pas dire que vous êtes d'accord avec le fait de continuer de manger.

Pour vous aider à vous accepter, parlez à la partie en vous qui ressent ce grand vide affectif et dites-lui que vous comprenez son besoin. Demandez-lui ce par quoi vous pourriez combler ce besoin, à part la nourriture. Ça peut être en vous faisant des compliments, en parlant avec une amie, en vous offrant une fleur, en vous donnant du support et du réconfort, etc.

Lorsque vous ne pouvez trouver d'alternative et que vous vous retrouvez encore à manger votre peine, acceptez la partie en vous qui dit: *“Tu as encore trop mangé, c'est mal!”* Dites-lui que vous ne la condamnez pas et qu'avec du temps et de la patience, vous arriverez à combler vos besoins affectifs par autre chose que de la nourriture.

La partie en vous qui vous accuse ne vous veut que du bien. Elle veut vous aider à avoir une belle taille. Vous devez lui expliquer que, parfois, la nourriture est le seul moyen que vous avez de combler votre vide affectif. En vous pardonnant, il sera plus facile d'obtenir la collaboration de votre corps physique. Demandez-lui d'éliminer tout le surplus que vous venez de lui donner. Il sera heureux à l'idée qu'il ait pu vous aider à sa manière. Votre corps ne veut que vous rendre heureuse.

Suite à des critiques négatives de la part de mon patron, je vis beaucoup d'émotions. Je suis prête à prendre ma part de responsabilité sauf que trop, c'est trop. Par contre, je suis incapable de le détester, j'aime mieux continuer à l'aimer. Que dois-je faire?

Vous semblez être le genre de personne prête à tout afin d'éviter des conflits. Cette attitude n'est pas nécessairement bonne pour vous.

Si vous ne changez pas, vous continuerez à vivre de plus en plus d'émotions. Jusqu'où pourrez-vous aller ainsi? Etes-vous sûre que vous ne commencerez pas à en vouloir un jour à votre patron si cela continue encore longtemps?

Je ne vois pas d'autre solution que celle d'exprimer ce que vous vivez à votre patron en suivant les étapes suggérées à la fin de ce livre.

Si le cancer est une maladie résultant d'une haine ou d'une rancune envers un parent, comment expliquer que de jeunes enfants meurent de cette maladie?

Ma seule explication pour une maladie importante vécue en bas âge vient de la compréhension de la théorie de la réincarnation. En acceptant le fait que l'âme est immortelle et qu'elle revient de nombreuses fois en prenant un corps différent à chaque fois pour vivre des expériences différentes, il est plus facile de comprendre que l'âme de ce jeune enfant n'avait pas réussi à pardonner dans une vie précédente, dans une enveloppe différente. Elle est donc revenue pour le faire.

Plusieurs personnes, enfants et adultes, meurent du cancer après avoir fait leur pardon. Ils ont accompli leur plan de vie et retournent dans le monde de l'âme pour un certain temps avant de revenir un jour pour régler autre chose, c'est-à-dire continuer leur évolution spirituelle. La sérénité se lit sur le visage du mourant quand celui-ci meurt l'âme en paix. À ce moment, nous devrions être heureux pour cette âme qui retourne dans son monde avec le bonheur d'avoir accompli ce pour quoi elle était revenue.

Si on ne doit pas vivre dans le passé, que fait-on des souffrances du passé, comme l'inceste, surtout lorsque la famille entière n'accepte pas que l'on en parle?

Vous ne serez libérée de votre passé qu'au moment où le pardon sera fait. Vous devez non seulement pardonner à celui qui a commis l'inceste mais à vous-même, pour les accusations portées. Lâchez prise par rapport aux membres de votre famille qui ont tous trop peur pour être à l'aise d'en parler.

Aussi difficile que le pardon puisse paraître dans une telle circonstance, aussi grande sera la victoire.

Je vous suggère, de plus, de lire la réponse sur l'inceste à la page 61 et de faire ensuite les étapes du pardon.

Comment faire pour que le corps émotionnel ne mange pas le corps d'énergie?

Le corps émotionnel ne peut manger le corps d'énergie. Ce dernier est là pour énergiser tous les corps, c'est-à-dire physique, émotionnel et mental. Si nous vivions en harmonie, c'est-à-dire à l'écoute de notre **DIEU** intérieur et de nos besoins, nous serions toujours très énergisés. Nous aurions à peine besoin de quelques heures de sommeil par jour pour reposer notre corps physique. Il en est ainsi pour les corps émotionnel et mental; lorsqu'ils sont à l'écoute et au service de notre **DIEU** intérieur, ils sont bien énergisés.

Ces corps font partie du plan divin dans la création de l'humain; ils existent dans le but de nous aider à vivre des expériences sur cette planète matérielle de façon harmonieuse et respectueuse de soi et de tout ce qui nous entoure.

Lorsque nous nous coupons de **DIEU**, de l'amour inconditionnel, nous utilisons les pouvoirs des corps mental et émotionnel pour se créer des croyances non bénéfiques ainsi que des émotions. Celles-ci sont comme des excroissances qui désénergisent l'humain.

On peut comparer ce processus à une personne qui nage dans une rivière. Lorsqu'elle nage dans le sens du courant, ça lui demande très peu d'énergie; elle peut même se laisser flotter parce qu'en suivant le courant, elle arrivera à bon port. C'est la même chose lorsque nous laissons DIEU et l'amour guider notre vie; nous arrivons à nos fins immanquablement. Celui qui se laisse guider par ses croyances mentales vit nécessairement des émotions et celui-là nage à contre-courant. Voilà pourquoi il se fatigue beaucoup plus vite.

Soyez donc très alerte pour vous assurer que c'est bien votre **DIEU** intérieur, votre intuition et l'amour qui dirigent votre vie et non votre ego ou vos croyances non bénéfiques.

J'entends souvent des gens et même des thérapeutes dire: *"Il faut vivre ses émotions."* Qu'en dites-vous?

Il y a différentes façons d'envisager ceci en thérapie. Pour plusieurs, vivre ses émotions, c'est entrer dedans dans le but de les revivre, en pleurant, criant, etc. Au début d'Écoute Ton Corps, je croyais à cette forme de thérapie et, dans les ateliers, nous encouragions les gens à vivre ainsi leurs émotions par crainte qu'ils se contrôlent.

Je me suis rendue compte que cette méthode satisfaisait seulement notre côté qui aime les choses dramatiques. Nous croyions à l'époque que plus l'expression des émotions était dramatique et plus les résultats étaient assurés. Avec l'expérience, mon équipe et moi-même avons remarqué que ce n'était pas le cas. Les personnes n'avaient pas nécessairement réglé le problème en revivant leurs émotions de cette façon.

J'ai donc décidé d'adopter la méthode dite "d'observation" et je dois vous avouer que les résultats à long terme sont de beaucoup supérieurs. Sur le moment, le résultat est moins évident mais cela n'est pas important; les effets à long terme sont plus efficaces et plus durables. Cette méthode est tellement simple que plusieurs doutent de son efficacité.

Lorsqu'un participant dans un atelier ou un client en consultation commence à vivre une émotion forte, nous lui demandons tout de suite de prendre de bonnes respirations et d'observer la partie qui souffre au souvenir d'un événement passé. Nous lui demandons de nous décrire ce qu'il observe dans son corps physique, émotionnel et mental, c'est-à-dire les tensions ou malaises physiques, ce qu'il ressent et ce qu'il pense. Il se calme alors presque immédiatement et peut, assez facilement, nous décrire ce qu'il vit.

De prime abord, cela peut paraître du contrôle. La différence entre "observer" et "se contrôler" est que dans ce dernier cas, le client se retiendrait ou se forcerait pour arrêter de vivre l'émotion; tandis que dans l'observation, il demeure en contact avec elle. L'émotion n'est ni réprimée, ni refoulée. Voilà comment nous suggérons à Écoute Ton Corps de vivre vos émotions.

Il m'arrive souvent de me sentir bloqué au plexus solaire. On me dit que mes émotions en sont la cause. Que puis-je faire au moment où ça bloque?

Je vous suggère d'utiliser la technique d'observation qui est décrite dans la réponse précédente.

Quelle est la différence entre "vivre dans son passé" et "se libérer de son passé"?

Quand vous vivez dans votre passé, cela vous empêche de vivre votre moment présent, c'est-à-dire soit que vous regrettiez votre passé, soit que vous ayez peur de revivre des expériences du passé. Vous savez que vous vous êtes libéré de votre passé quand il ne vous empêche plus de suivre votre intuition et de vivre votre moment présent.

Le moyen par excellence pour y arriver consiste à observer les expériences du passé, de vous pardonner pour les expériences moins agréables et de vous accepter dans le moment présent même si celui-ci ne correspond pas à ce que vous désirez.

Que puis-je faire pour arrêter de toujours me sentir triste? Je suis du genre à ne pas me laisser aller mais même quand je ris, je sens cette lourdeur et cette tristesse en moi.

En général, un tel sentiment de tristesse est causé par la peur de l'abandon. Cette peur est ressentie très jeune alors que l'enfant a eu l'impression de manquer de soins, d'attention de ses parents ou quand l'enfant fut abandonné par l'un ou l'autre de ses parents ou par les deux. Par la suite, il se sent abandonné à la moindre occasion. Cela ne veut pas dire que les parents l'ont nécessairement abandonné; c'est plutôt le cas où les parents n'ont pu arriver à donner à l'enfant autant de soins et d'attention qu'il le désirait.

Avez-vous souvent l'impression de ne jamais recevoir assez de quelque chose ou de ne pas en avoir assez? De sentir que, même si vous êtes heureux, il vous manque quelque chose? Si oui, vous vous sentez abandonné ou vous avez peur de l'être, d'où la raison pour laquelle la tristesse est aussi présente en vous.

À votre question "que faire?", je vous suggère, pour commencer, d'en devenir conscient en observant ce que vous vivez dans votre quotidien. Puis, vérifiez s'il y a en vous une certaine rancune face à l'un ou l'autre de vos parents ou les deux, résultant du manque d'attention vécu pendant votre jeunesse.

Il est possible aussi que vous ayez vraiment vécu une expérience d'abandon. Vos parents vous ont-ils quitté à un certain moment de votre petite enfance? Si oui, il est fort probable que vous leur en vouliez. Dans ce cas, je vous recommande de faire les étapes du pardon suggérées à la fin de ce livre et vous constaterez que rancune et tristesse se dissiperont comme brume au soleil.

Je suis un pessimiste chronique depuis ma plus tendre enfance. Comment puis-je trouver l'événement ou le moment qui m'a fait basculer dans cette situation?

Vouloir trouver l'événement précis qui fut à l'origine de votre décision de devenir pessimiste me semble bien ardu. Je vous suggère plutôt de vous prendre en mains dès aujourd'hui. Le seul fait de vous reconnaître comme tel est déjà un pas dans la bonne direction. Donnez-vous le droit d'être ainsi en reconnaissant que vous avez cru à un certain moment qu'être pessimiste vous protégerait de quelque chose ou de quelqu'un. De quoi? De qui? Un jour vous le saurez mais, pour le moment, ne gaspillez pas votre énergie là-dessus.

Vous pouvez cependant faire une rétrospection à la fin de chaque journée. En révisant chacune des occasions où vous avez été pessimiste durant la journée, demandez-vous: *"Si j'avais été optimiste dans telle situation, qu'aurait-il pu m'arriver de désagréable?"* À force de vous poser cette même question, vous arriverez à découvrir la peur et la croyance qui vous incitent à demeurer pessimiste. Ensuite, il n'en tiendra qu'à vous de décider si vous voulez continuer d'y croire et à en assumer la conséquence: le pessimisme.

Vous savez, la plupart de nos croyances étaient bonnes pour nous lorsque nous les avons acquises étant jeunes car elles nous protégeaient. Mais devenus adultes, ces mêmes croyances nous nuisent plus qu'elles nous aident. Vous devrez vérifier par vous-même et pour vous-même si ce que vous croyez vous aide plus que ça ne vous nuit.

Vous dites que l'intellect se situe au plexus solaire, au même endroit que les émotions; pouvez-vous expliquer?

L'intellect, l'outil du corps mental humain, enregistre par sa mémoire tout ce qui est vécu et ressenti dans cette vie. Il est branché au plexus solaire, d'où il puise l'énergie dont il a besoin pour son bon fonctionnement. Les émotions qui sont déclenchées par notre intellect, c'est-à-dire par notre façon de penser, sont donc également ressenties au plexus solaire tout comme les désirs de l'humain.

La personne qui utilise son intellect, c'est-à-dire sa mémoire, de façon à l'aider à trouver des moyens pour manifester ses désirs vit en harmonie, sans émotions.

Celle qui utilise son intellect pour bloquer ses désirs, par peur de quelque chose, vit des émotions. Elle se crée donc un blocage dans la région du plexus solaire ce qui affectera directement le système digestif par la suite.

J'ai l'impression que plus je deviens conscient, plus il y a de souvenirs qui remontent à la surface et des émotions nouvelles qui m'arrivent. Est-ce normal?

C'est tout à fait normal, surtout si vous êtes du type rigide qui avez refoulé ce que vous ressentiez depuis déjà longtemps. Il est donc logique que ces mémoires reviennent aussitôt que vous vous permettez de vous souvenir et de sentir à nouveau. Ce n'est peut-être pas toujours agréable au moment où cela se produit mais la libération que cela rapporte en vaut la chandelle. C'est un peu comme lorsqu'on met du peroxyde sur une plaie: ça brûle pour quelques instants mais la guérison est beaucoup plus rapide par la suite.

Je travaille tous les jours avec une dame que j'ai beaucoup critiquée par le passé mais je veux réparer tout cela. Elle m'ignore et évite toute relation avec moi. Je souffre beaucoup de cette mauvaise relation. Je fais des efforts, je lui envoie des pensées d'amour et je me force même à voir en elle un être de lumière. Que puis-je faire d'autre?

Je crois que vous voulez trop. Il me semble percevoir dans votre question que vous voulez améliorer cette situation dans le but de vous déculpabiliser. Cette dame doit le sentir. Elle ne peut vous déculpabiliser. Je vous rappelle que c'est votre ego qui veut vous faire croire que quelqu'un a le pouvoir de déculpabiliser quelqu'un d'autre. En réalité, ça ne se fait pas. Vous seul avez le pouvoir de vous déculpabiliser en vous pardonnant pour les critiques que vous avez faites à son égard.

Je vous suggère de lui écrire pour partager avec elle ce que vous ressentez et ce que vous désirez et de remettre ensuite le tout entre les mains du divin. Lâchez prise. Donnez-vous un moment de répit en ne voulant plus contrôler le résultat de votre démarche.

Est-il vrai qu'une personne qui mange beaucoup de viande rouge saignante est plus apte à la colère?

Oui, aujourd'hui plus que jamais. Les animaux que nous mangeons aujourd'hui, même ceux à chair blanche, n'ont pas été des animaux libres et heureux. Depuis que l'élevage des animaux est fait à grande échelle, comme en usine, les animaux ressentent beaucoup de colère et de frustration dues aux conditions dans lesquelles ils sont forcés de vivre. Ces émotions sont enregistrées dans leur chair et dans leur sang et ingérées par l'humain au moment de la consommation des viandes. Comme si ce n'était pas encore suffisant, ils sont en plus tués dans des conditions très inhumaines et vivent le plus gros de leur colère à ce moment-là.

Tous les animaux domestiques et comestibles ont un corps émotionnel assez développé pour sentir leurs conditions de vie. Les humains qui consomment ces chairs ne peuvent qu'en être affectés. Pour en savoir plus à ce sujet, je vous conseille de lire le livre *Se nourrir sans faire souffrir* de John Robbins, aux Éditions Stanké.

Mon mari dit que si nous avons souvent des disputes et des désaccords, c'est dû au fait que nous évoluons différemment, dans une direction opposée. Est-ce possible?

Lorsque deux personnes se disputent, il est évident qu'elles ne croient pas aux mêmes choses et qu'elles veulent avoir raison toutes les deux. L'évolution des deux se fait donc, dans ce cas, dans la mauvaise direction, c'est-à-dire qu'elles s'éloignent de l'amour véritable.

Votre mari et vous pouvez évoluer différemment en prenant des routes différentes mais, pour être heureux, ces routes doivent se diriger dans la bonne direction, c'est-à-dire vers l'amour. Sinon, vous vivrez beaucoup d'émotions et si l'écart entre vous deux devient trop grand, une séparation peut en résulter.

Quand les deux personnes constituant le couple sont dans l'amour, c'est-à-dire se donnent mutuellement le droit d'évoluer chacun à sa façon, il ne peut qu'en résulter du bonheur et de l'harmonie.

Je m'ennuie énormément de mon ancien travail que j'ai dû laisser pour suivre mon mari. Je me sens étouffée dans mon nouveau travail. Que puis-je faire pour me sentir mieux?

À qui en voulez-vous pour cette situation? En voulez-vous à votre conjoint? À vous-même? Au système voulant que c'est l'épouse qui doit suivre le mari et non l'inverse? Vous devez faire la paix à l'intérieur de vous en acceptant que vous vivez pour le moment une nouvelle expérience et que ça ne vous rapporte rien de vous accrocher au passé.

Rien ne vous empêche de faire des démarches pour vous trouver un autre travail. N'oubliez pas, chaque expérience vécue ne peut que vous enrichir à la condition d'en voir le bon côté.

Quand une personne est en colère contre moi, j'ai de la peine pendant quelques instants, puis c'est l'amour qui prend le dessus avec de la compassion pour cette personne. Certains me disent que je refoule ma colère. Selon moi, je ressens vraiment de la compassion pour l'autre. Est-ce de l'amour ou du refoulement?

Si vous vous sentez vraiment bien par la suite avec cette personne et qu'il n'y a aucune activité mentale d'accusation en vous suite à cette colère, vous vivez de la compassion. Bravo! Cela vous évite beaucoup d'émotions inutiles.

Je me laisse régulièrement influencer par les opinions de mon mari. Ensuite, je suis très déçue de moi au point de m'en vouloir. Je me sens alors très petite et vidée d'énergie. Pourquoi continuer ainsi alors que je sais ne pas être bien là-dedans?

Vous avez le comportement typique d'une personne qui n'accepte pas le principe féminin en elle, donc vous-même en tant que femme. Vous avez probablement décidé, étant jeune, que la femme était moins importante que l'homme, donc que les opinions de celui-ci sont toujours plus importantes; c'est pour cette raison que vous vous sentez si petite. Votre manque d'énergie vient du fait que vous vous en voulez.

La décision que vous avez prise provient de la façon que vous avez perçu votre premier modèle de femme, celui de votre mère. Il vous a sûrement été difficile d'accepter votre mère telle qu'elle était. À l'adolescence, vouliez-vous être comme votre mère? Et maintenant? Si la réponse est non et que vous êtes remplie d'émotions à l'idée d'être comme elle, c'est signe d'un manque d'acceptation.

Pour remédier à cette situation, il ne vous reste qu'à vous pardonner et à accepter votre mère pour ce qu'elle est et ce qu'elle était, c'est-à-dire lui donner le droit d'être ce qu'elle veut être. Ensuite, acceptez-vous pour ce que vous êtes maintenant.

J'ai honte d'avouer que j'ai été battue étant enfant. Il me semble que de le dire rabaisse ma mère et l'amour que j'ai envers elle. Comment me libérer?

Dans votre question, je sens que vous n'en voulez plus à votre mère mais que vous trouvez honteux le fait qu'une fille qui aime sa mère puisse parler en mal d'elle. Je crois que votre honte vient surtout du fait que vous en avez voulu à votre mère de vous avoir battue et non du fait d'avoir été battue.

Parmi les étapes du pardon suggérées à la fin de ce livre, révisez la quatrième étape qui s'avère la plus importante parce qu'elle libère véritablement. Lorsque le pardon sera fait avec vous-même, vous vous sentirez bien à l'aise de parler de cet abus et personne n'entendra d'accusation venant de votre part. Au contraire, ceux qui vous entendront pourront sentir en vous le grand amour qui vous a permis de pardonner.

Mon fils faisait sept à huit amygdalites à chaque hiver entre l'âge de un an à quatre ans. Vous dites que c'est de la colère. Comment un enfant aussi jeune peut-il vivre autant de colère?

Considérer que l'âme qui habite le corps de votre enfant n'est pas aussi jeune que son corps aide à expliquer ce phénomène. Revenir sur cette planète pour apprendre quelque chose est à l'âme ce que l'école est à l'enfant. Il se peut que dès les premières semaines d'une année scolaire, un enfant ou un adolescent vive beaucoup de colère car rien ne répond à ses attentes. Il n'aime pas le milieu scolaire, les professeurs, les travaux à faire, etc.

Pour l'âme, c'est la même chose. Dès ses premières semaines, elle peut être très déçue par ce qui se passe autour d'elle. Cela ne veut pas dire que ceux qui l'entourent ne sont pas bien. C'est plutôt l'âme qui a adopté une personnalité ayant beaucoup d'attentes.

En général, les bébés ou les très jeunes enfants qui vivent de grosses colères, refoulées ou non, seront plus tard des adultes qui auront de grandes attentes et qui feront des pieds et des mains pour avoir ce qu'ils veulent. Comme les très jeunes enfants ne peuvent vraiment exprimer ce qu'ils vivent et faire leurs demandes, ils développent des maladies dont le nom se termine en "ite" pour nous indiquer leur colère refoulée.

Ce sont des personnalités qui auront besoin d'apprendre à arrêter de vouloir manipuler leur entourage pour satisfaire tous leurs caprices. Ces personnes devront prendre en considération les besoins et les limites des autres. Ceci peut être expliqué à un enfant, même en très bas âge. C'est surtout son âme qui reçoit le message.

Comment faire pour demeurer indifférent lorsqu'on travaille avec quelqu'un qui se met en colère à propos de tout?

Partagez avec cette personne ce que vous vivez et surtout votre désir de ne plus la critiquer, la juger ou l'accuser lorsqu'elle se met en colère. Demandez-lui si elle aurait une suggestion à vous faire au sujet du comportement que vous pourriez adopter au moment de ses colères. Même si sa suggestion ne vous semble pas appropriée, je vous conseille de la suivre. Le fait de collaborer avec elle peut vous aider tous les deux grandement.

Surtout, ne lui faites pas la morale et ne lui demandez pas pourquoi elle se met autant en colère. Si elle sent que vous voulez seulement apprendre à mieux accepter ses colères, elle vous en sera très reconnaissante.

Je n'arrive pas à pardonner quelqu'un qui m'a fait beaucoup souffrir lorsque j'étais jeune. Cette personne insiste pour que je le fasse car elle me dit que c'est sa dernière vie. Comment puis-je me décider?

Il est facile de constater que la personne dont vous parlez ne peut se pardonner elle-même et qu'elle a peur de mourir ainsi. Elle croit qu'en lui pardonnant, elle sera pardonnée. Ce n'est pas le cas. Elle seule a le pouvoir de se pardonner. Je vous suggère de lui en faire part.

Dans un autre ordre d'idées, très peu de personnes sur cette planète peuvent savoir que leur présente incarnation sera leur dernière. Selon moi, il faut être arrivé à un niveau très élevé de connaissances, de maîtrise de soi et de grand amour universel avant d'être rendu là. Cette personne, en croyant que c'est sa dernière vie, se crée un stress inutile. Vous pouvez lui en faire part si vous voulez.

En ce qui vous concerne, je sens que votre désir de pardonner est sincère mais donnez-vous le temps nécessaire pour y parvenir. Si vous ne pouvez le faire maintenant, c'est que le petit enfant en vous souffre encore beaucoup trop. Prenez le temps de consoler, bercer et rassurer cet enfant en vous et avec le temps, la blessure s'atténuera. Vous pourrez alors pardonner à l'autre et à vous-même de lui en avoir voulu.

Je vis beaucoup d'émotions avec ma mère. Je me sens incomprise d'elle. Lorsque je fais de la lecture, de la méditation ou que je prends des cours, elle me traite d'égoïste dès que je prends trop de temps pour penser à moi. Je ne me sens alors pas correct. Que puis-je lui dire pour qu'elle arrête de penser ainsi?

Vous ne pouvez changer la façon de penser d'une autre personne. Ce que le comportement de votre mère laisse transparaître, c'est qu'elle-même se sentirait coupable de penser à elle. Elle a sûrement appris cela de sa mère et elle fait ce que tous les parents font: essayer d'inculquer leurs croyances à leurs enfants. Si chaque génération continuait de croire toujours aux mêmes choses, de vivre de la même façon, il n'y aurait pas possibilité d'évolution sur cette planète.

Vous devez vous donner le droit d'être vous-même. Ayez de la compassion pour votre mère. Exprimez-lui ce que vous vivez, en suivant les étapes suggérées à la fin de ce livre, et surtout sans l'accuser. Ainsi vous pourrez continuer vos activités sans vous sentir coupable, même si votre mère n'est pas d'accord.

Mon mari et moi nous entendons ordinairement bien, sauf lorsqu'il perd le contrôle de ses émotions. Il se laisse facilement ballotter par les événements et se choque lorsque je veux l'aider. Ne croyez-vous pas qu'en tant qu'épouse, je dois l'aider?

Épouse ou non, nous devons aider les autres seulement quand ceux-ci veulent notre aide. Il serait bon que vous choisissiez un moment où votre mari n'est pas dans ses émotions pour lui faire part de votre désir de l'aider. Demandez-lui d'abord s'il veut votre aide et si oui, quel genre d'aide. Il se pourrait qu'il vous réponde quelque chose d'inattendu comme "ne rien dire" ou "me faire rire", etc. Quoiqu'il vous demande, si votre désir de l'aider est sincère, faites-le; vivez-en l'expérience même si vous n'êtes pas d'accord. Elle ne peut qu'être bonne pour vous deux. Par contre, s'il vous demande quelque chose qui est au-delà de vos limites, faites-lui en part et tentez d'arriver à une entente.

Je voudrais savoir pourquoi une grande colère gronde en moi quand mon mari fait des choses que je n'aime pas, surtout lorsqu'il arrive à la maison en état d'ivresse.

Votre mari vous reflète une partie de vous que vous ne voulez absolument pas voir et c'est pour cette raison que la colère gronde en vous. Vous êtes tellement occupée à l'accuser et à vouloir le changer que vous ne prenez pas le temps de regarder votre propre dépendance. Vous êtes sur Terre pour apprendre à vous connaître davantage et pour vous améliorer. Votre mari est dans votre vie pour vous aider à faire ce travail. Vous pouvez évoluer et grandir beaucoup grâce à son aide.

Vous avez peut-être l'impression d'être fâchée contre votre mari mais, en y regardant de plus près, vous verriez que votre colère est surtout tournée contre vous-même. C'est votre souffrance intérieure qui vous empêche de le voir. Il serait grand temps d'aller voir à l'intérieur de vous. Quelle est votre dépendance? Le sucre, la cigarette, les médicaments, etc.? Les dépendances physiques sont simplement le reflet d'une dépendance plus profonde non comblée et reliée à une autre personne. Vous et votre mari dépendez beaucoup l'un de l'autre. Vous avez besoin d'en devenir consciente et surtout de vous accepter avec cette dépendance.

Lorsqu'une personne dépend d'une autre pour son bonheur, c'est une indication d'un manque d'amour pour elle-même. Cette forme de dépendance est appelée dépendance affective. Je parle de ce sujet plus en profondeur dans les livres Écoute Ton Corps, Tomes Un et Deux.

J'ai 24 ans. Ma mère m'a toujours placé sur un piédestal et encouragé en me disant que j'étais brillant. Aujourd'hui, je ne peux supporter l'idée d'un échec. Je m'en veux parce que je crois décevoir ma mère à chaque fois. Comment couper le cordon avec elle?

Ce que vous vivez est tout à fait normal, n'ayant pas été préparé à accepter un échec. Vous avez probablement décidé très jeune: *"Quand je réussis, maman m'aime."*

Par contre, ce que vous appelez un échec n'en est pas un en réalité. C'est simplement une expérience vécue qui vous prépare davantage pour d'autres expériences futures. C'est ainsi que vous devez regarder la vie.

En ce qui concerne le cordon avec votre mère, vous devez vous donner le droit de l'avoir critiquée ou de lui en avoir voulu d'avoir eu autant d'attentes à votre égard. Voyez ensuite l'amour dans son comportement.

En faisant les étapes du pardon suggérées à la fin de ce livre, moyen par excellence pour couper le cordon, je vous conseille de vous attarder surtout à l'étape quatre qui, selon moi, sera la plus difficile pour vous. En effet, il est généralement difficile de ne pas se traiter d'ingrat ou d'égoïste lorsqu'on découvre le fait d'en avoir voulu à une mère qui a été tellement bonne pour soi.

Souvenez-vous que ce qu'une mère considère être le meilleur pour son enfant n'est pas nécessairement ce qui est le mieux pour lui. C'est toujours plus tard que nous nous en rendons compte.

Lorsque quelqu'un décide de faire quelque chose de façon différente de ce que j'aimerais, je me mets en colère. J'ai besoin de un à deux mois pour enfin accepter cette autre façon de faire sans ne plus me mettre en colère. Pourquoi ai-je toujours ce genre de réaction?

Ce genre de réaction vient de votre ego. L'ego est la partie de vous qui croit que la mémoire ou le passé doit diriger votre vie. Cela vous empêche de vivre votre moment présent et d'être à l'aise avec ce qui est nouveau. Ça crée invariablement une peur.

C'est la raison pour laquelle plus une personne est orgueilleuse, plus elle parvient difficilement à accepter une nouvelle version ou conception de quelque chose. Elle devient très obstinée voulant toujours avoir raison. Je vous suggère de travailler sur votre ego, de ne pas le laisser prendre trop d'ampleur si vous voulez vivre de belles relations harmonieuses. Soyez ferme et dites à votre ego que c'est vous qui déciderez à l'avenir des moments où vous voudrez vous fier à votre mémoire.

De plus, vérifiez quelles peurs vous habitent lorsque quelqu'un veut faire quelque chose à sa façon. Dans quoi vous sentez-vous menacé? Ensuite reconnaissez que ces peurs sont irréelles. Elles sont basées sur une expérience du passé qui n'est pas nécessairement ajustée à la réalité d'aujourd'hui.

À mon travail, j'ai un poste de contrôleur. Je dois respecter des échéanciers, etc. Comment être efficace tout en ne vivant pas les émotions associées à ce poste?

Vous y arriverez en vous donnant le droit d'être humain, d'avoir des peurs, des faiblesses et des limites. Vous en donner le droit ne veut pas dire que ces peurs vous dominent. Cela signifie que lorsque les choses ne se déroulent pas telles que prévues, vous êtes capable d'observer la situation sans vous critiquer ou critiquer les autres. Vous pouvez aussi porter votre attention sur la solution plutôt que sur le problème. Vous observez la situation comme si vous n'étiez pas impliqué dans le problème.

Il est bon aussi de vous demander à la fin de chaque journée: *"Ai-je fait mon possible? Si j'étais patron, aimerais-je avoir un employé comme moi?"* Il est important de se valoriser, de se faire des compliments régulièrement parce que l'humain a malheureusement surtout appris à se critiquer. Ce sont ces critiques qui causent les émotions.

Je me fixe toujours trop d'objectifs que je ne peux réaliser entièrement. Je suis donc toujours en train de m'accuser. Que faire?

Le fait d'en être conscient est déjà une première étape franchie. Il vous reste deux choix: soit qu'au moment où vous vous fixez trop d'objectifs, vous êtes capable d'en rire et de vous dire: *"Je n'y arriverai probablement pas mais je suis ainsi, j'aime me faire accroire que je n'ai pas de limites."* Ou vous fixez vos objectifs pour ensuite en éliminer un ou deux parce que vous vous donnez le droit d'avoir des limites.

Quand je parle à un copain de l'inceste vécu avec mon père, il me quitte et me rejette. Je suis en train de craquer; je ne sais plus si je devrais en parler ou non. Que faire?

Il est évident que vous devez vous rejeter de la même façon que vos copains vous rejettent. À chaque fois que vous en parlez, ce qui se dégage de vous est probablement: *"Ce que j'ai fait est tellement honteux que je ne serais pas du tout surprise si tu me rejetais."* Vous n'en êtes peut-être pas consciente bien que ce soit la raison pour laquelle vous vous faites arriver ce genre de copains: pour vous montrer ce qui se passe en vous.

Pour arriver à vous libérer des émotions qui ont été générées par cette expérience incestueuse, vous devrez faire le pardon véritable, tel que suggéré à la fin de ce livre, en n'oubliant pas la partie la plus importante, c'est-à-dire le pardon de vous-même. Je vous suggère de lire la réponse à une autre question sur l'inceste à la page 61. Elle complète cette réponse.

Je vis beaucoup d'émotions lorsque mon mari me dit: *"Ne me touche plus!"* Comment savoir s'il est vraiment sincère?

Votre mari est sûrement du genre à avoir de la difficulté à se faire plaisir ou à être touché non seulement physiquement mais aussi intérieurement par quelqu'un ou par quelque chose. Il doit beaucoup refouler ses sentiments. Ayez de la compassion pour lui. Au lieu de vous concentrer sur ce que vous vivez, arrêtez-vous plutôt sur ce que lui peut vivre. Mettez-vous dans sa peau.

Lorsque vous ne vivez pas d'émotions, prenez le temps de lui parler, de lui exprimer ce que vous vivez et faites-le parler de ce qu'il vit. Ceci fait partie des étapes nécessaires pour arriver à exprimer vos émotions (voir ces étapes à la fin de ce livre).

Tant que je suis occupée, le jour et le soir, je suis joyeuse. Lorsque je me rends compte qu'il est tard le soir et que je ne me suis pas détendue de la journée, je deviens tout à coup en colère et impatiente. Pourquoi?

Cette colère soudaine est provoquée par une partie en vous qui croit que vous devez vous détendre davantage, alors que dans le fond, vous êtes plus heureuse dans l'action. On vous a sûrement appris plus jeune que ce n'était pas normal de toujours être dans l'action.

Demandez à cette partie ce qui pourrait vous arriver de désagréable si vous ne vous reposiez pas davantage et si vous continuiez à être dans l'action. Après avoir eu la réponse, dites à cette partie que cela peut s'avérer vrai pour certaines personnes ou que ça peut-être déjà été vrai pour vous dans le passé, mais que ce ne l'est plus maintenant.

Si, pour vous, le fait d'être dans l'action vous rend heureuse, pourquoi pas? Avec l'ère du Verseau, nous devons désormais arrêter de croire tous aux mêmes choses. À chacun ses expériences!

Quand j'apprends que mon fils s'est encore drogué, j'ai le goût de me fâcher. Est-ce encore de ma faute si je me mets en colère?

Je vois d'après votre question que vous vous sentez facilement coupable. Ce n'est pas ainsi que vous pourrez vous en sortir. Le fait de vous mettre en colère est tout simplement la réaction que vous choisissez de vivre suite au choix de votre fils.

Nous sommes tous seuls et uniques responsables de nos choix et non pas coupables. Nous avons toujours plus d'un choix dans la vie. Être responsable signifie que nous devons assumer pleinement les conséquences de nos choix et non ceux des autres. Votre fils est responsable de son choix et vous êtes responsable de votre réaction face à son choix. Vous deux avez ensuite à subir les conséquences de vos choix.

Le fait de vous mettre en colère vous apporte des conséquences beaucoup moins agréables que le fait de lâcher prise, sachant que vous ne pouvez contrôler les décisions de votre fils. Une des conséquences de votre choix sera d'avoir à exprimer à votre fils ce que vous avez vécu en passant par les étapes du pardon suggérées à la fin de ce livre. Ceci est nécessaire si vous ne voulez pas continuer à vivre les mêmes émotions étant donné qu'il est possible que votre fils maintienne sa décision de prendre de la drogue.

Suite à une situation qui me met en colère, je me choque et je boude. Ce qui me met davantage hors de moi, c'est lorsque mon mari me dit que, parce que je fais de la croissance, je ne devrais plus me fâcher. Comment arriver à m'exprimer davantage plutôt que bouder?

Votre mari vous dit simplement à voix haute ce que vous vous dites intérieurement. Je ne sais pas où vous avez appris que quelqu'un qui fait de la croissance ne devrait plus se choquer. À Écoute Ton Corps, nous enseignons qu'une personne qui s'aime véritablement se donne le droit de faire ou de ne pas faire, de dire ou de ne pas dire quoi que ce soit sans se condamner, se critiquer ou se juger.

C'est ça l'amour inconditionnel de soi et des autres. Ce n'est pas d'atteindre la perfection telle que vue et comprise par l'humain. Même Jésus, qui a atteint l'état christique, se permettait de saintes colères, c'est-à-dire qu'il se donnait le droit d'être en colère.

Tant que vous vous accusez, rien ne changera dans ce que vous vivez. Donnez-vous donc le droit de vous choquer, de bouder et de ne pas pouvoir vous exprimer pour le moment. De toute façon, rien en ce bas monde est permanent. Soyez confiante. L'avenir vous réserve sûrement de belles surprises, surtout si vous apprenez à vous accepter.

Je contrôle ma colère parce que j'ai peur de la colère des autres. Chez moi, quand j'ose exprimer ma colère, ma femme fait une colère encore plus forte que la mienne. Comment m'en sortir?

Vous sentez-vous bien à vous contrôler ainsi? Le problème avec le fait de se contrôler est la perte de contrôle éventuelle. D'ailleurs, c'est probablement ce qui vous arrive ainsi qu'à votre épouse. Vous vous retenez tellement que lorsque vous n'en êtes plus capables, vos colères explosent et sont trop fortes pour arriver à régler quoi que ce soit.

Une colère bien centrée, bien acceptée peut être très bénéfique. Elle permet de faire des mises au point et d'exprimer ce que nous voulons et ce que nous ne voulons plus.

Je vous suggère de parler calmement avec votre épouse de votre peur de laisser aller votre colère. Vérifiez comment elle-même se sent à ce sujet. Tentez d'en arriver à une entente sur l'attitude ou le comportement que vous pourriez adopter tous les deux pour vous aider à régler vos colères au fur et à mesure qu'elles se produisent, plutôt que de les refouler.

J'ai commencé une thérapie il y a un an et ma famille était tout à fait contre. Mon père, ma mère et mon frère m'ont donc reniée. Quand j'ai voulu aller voir ma mère à l'hôpital, ils m'ont mise dehors. Je n'ai plus aucunes nouvelles. J'ai peur, je me sens prête à craquer, je suis à bout. Comment arriver à

faire une vraie coupure avec eux? Nous étions vraiment unis auparavant.

Vous souffrez présentement mais je crois personnellement que votre famille souffre encore plus que vous. Ils croient sûrement qu'il ne faut jamais raconter à d'autres ce qui se passe en famille. Ils doivent se sentir trahis par vous qui avez osé chercher de l'aide à l'extérieur. Vous avez eu beaucoup de courage pour le faire mais leur souffrance les empêche de le voir ainsi.

Vous arriverez à accepter leur choix uniquement en ayant de la compassion pour leur souffrance et en ne leur en tenant pas rancoeur. Rien ne vous empêche de leur envoyer régulièrement des petits mots d'amour par la poste, leur laissant savoir ainsi que vous pensez à eux, qu'ils sont toujours dans votre coeur.

Cette expérience vous aide par contre à faire un certain détachement, ce qui ne peut qu'être bénéfique pour vous.

Quand les enfants se crient après, j'ai envie d'en faire autant. Mais plus je crie et plus ils crient. Comment arriver à vivre moins de colère et à communiquer différemment?

Lorsque tout le monde est calme, avouez à vos enfants ce que vous vivez et ce que vous désirez, c'est-à-dire trouvez ensemble un moyen différent de communiquer. Il est beaucoup plus facile et rapide de trouver des solutions avec l'aide des enfants parce que leur ego est moins fort que celui des adultes. Surtout, quand ils sentent que le parent est dans son coeur et qu'il ne veut pas seulement qu'eux changent, ils ont le goût d'aider. Arrivez à une entente où vos enfants et vous-même mettrez un peu d'eau dans votre vin, où les deux côtés seront gagnants.

Mon fils de 17 ans me harcèle moralement depuis 15 ans; il m'importune sans cesse pour des choses anodines. Il me fait fâcher au point où je désire qu'il disparaisse de ma vie. Comment arriver à pardonner et à aimer cet enfant?

Il est évident que votre fils a une grande emprise psychologique sur vous. De tels enfants s'amusent à faire marcher leurs parents pour voir jusqu'où ils peuvent aller. Ils sont nombreux de nos jours. Votre fils n'agit pas ainsi par méchanceté, il veut seulement vous voir devenir respectable. Il attend le jour où vous prendrez votre place et vous vous ferez respecter.

Si vous avez atteint votre limite, vous pouvez lui demander et même lui imposer de partir. À 17 ans, il peut gagner sa vie. S'il ne le peut pas pour quelque raison que ce soit, vous pouvez lui offrir de l'aide financier. Considérez ce support financier comme le prix à payer pour que sa présence n'interfère plus avec la paix que vous souhaitez.

Il est urgent que vous disiez à votre fils exactement ce que vous vivez et que vous commenciez à prendre votre place. Vous n'avez rien à perdre et tout à gagner. Par contre, vous devez lui parler avec fermeté et non en vous plaignant ou en lui faisant la morale; parlez seulement de vos limites et de votre désir de pouvoir l'aimer davantage. Je vous suggère de lire le livre *Les relations Parent-enfant* de cette même collection.

Je travaille avec quelqu'un qui prend plaisir à nous détruire ou nous mettre en colère. Une fois qu'il a réussi, il se moque de nous en disant qu'il nous a encore eus. Que puis-je faire avant qu'il y ait un meurtre?

Cette personne semble avoir une grosse emprise psychologique sur vous tous. En général, les personnes qui agissent ainsi ne sont pas en contact avec leur propre pouvoir. Elles doivent donc aller en chercher chez les autres. Votre collègue de travail réussit très bien, à ce que je vois. La seule solution possible est de lui exprimer vos émotions en suivant les étapes décrites à la fin de ce livre. Par contre, ce qui se passe entre vous deux doit demeurer confidentiel. Vous le faites pour vous-même et non pour les autres.

J'ai connu un cas où un employé réussissait à en déranger quarante autres dans le même département. Il a suffit qu'une seule personne fasse le pardon véritable avec lui et tout a changé pour le mieux dans ce bureau. Vous n'avez rien à perdre à essayer. Vous serez d'ailleurs le plus grand gagnant puisqu'une fois que vous serez arrivé à développer de la compassion pour une personne aussi souffrante, ce genre de personne ne vous dérangera plus jamais.

Est-ce que les femmes sont plus émotives que les hommes? Si oui, pourquoi?

Selon moi, non; la seule différence est que l'émotivité chez la femme paraît plus. Les femmes démontrent davantage leurs émotions. La plupart des hommes ont appris qu'un homme qui laisse paraître sa sensibilité est une femmelette. En contrôlant donc très bien leurs émotions, ils contrôlent aussi leur sensibilité puisqu'ils ne font pas la différence entre les deux. C'est d'ailleurs à cause de cette retenue que l'espérance de vie chez l'homme est de cinq ans moindre que chez la femme. Ils souffrent plus intérieurement et développent ainsi plus de maladies avec l'âge.

CONCLUSION

Pour conclure, il est important de réaliser qu'une émotion est toujours le résultat d'une activité ou croyance mentale déclenchée par une peur pour soi-même. ***C'est la perception mentale que vous avez d'un incident ou d'une personne qui est responsable de l'émotion et non l'incident ou la personne elle-même***.

Émotion et accusation vont de pair. Pourquoi? Parce qu'on croit qu'il peut nous arriver quelque chose de désagréable. On accuse donc toujours quelqu'un d'autre ou soi-même quand on vit une émotion.

Pour arrêter de revivre sans cesse les mêmes émotions dans les mêmes circonstances, vous trouverez ci-après les sept étapes suggérées pour y arriver. Ces étapes ont été expérimentées par des milliers de personnes et ont donné d'excellents résultats. Les voici:

Étapes pour se libérer d'une émotion en demandant pardon

1) Identifier les émotions (il y en a souvent plus d'une)

Devenez conscient de l'accusation portée, des reproches faits et des différentes émotions que cela vous fait vivre.

2) Prendre sa responsabilité

Réalisez que vous êtes en réaction; cette réaction est causée par une peur pour vous-même qui est elle-même dictée par une croyance acquise. Êtes-vous obligé de continuer à croire en elle? Réalisez que vous avez toujours le choix entre l'amour et la peur. Quelle est votre peur? Quelle est votre croyance? Vous pouvez changer cette croyance.

3) Accepter l'autre et lâcher prise

Pour réussir à accepter l'autre, vous devez sentir sa souffrance ou sa peur en vous mettant dans ses souliers ou dans sa peau. Êtes-vous capable de constater ses limites, ses peurs ou sa perte de contrôle? Constatez que l'autre a une façon d'aimer qui est différente de la vôtre. Acceptez cette différence et lâchez prise. C'est ainsi que vous pardonnez à l'autre. Le pardon est fait lorsque vous êtes capable de souhaiter du bien à l'autre et de vous imaginer le prenant dans vos bras tout en vous sentant bien.

4) Se pardonner

Il est très important de vous pardonner d'avoir jugé ou critiqué l'autre en entrant en contact avec la partie en vous qui a souffert et qui souffre encore. Ayez de la compassion pour cette partie, donnez-lui le droit d'avoir souffert et d'avoir réagi. C'est ainsi que vous vous pardonnez. Se pardonner, c'est s'aimer.

5) Avoir le désir d'exprimer le pardon

En guise de préparation pour l'étape six, imaginez-vous avec la personne concernée en train de lui demander pardon de l'avoir jugée, critiquée ou condamnée. Vous êtes prêt lorsque l'idée d'aller partager votre expérience à la personne concernée suscite un sentiment de joie et de libération.

6) Voir la personne concernée

Exprimez-lui ce que vous avez vécu et demandez-lui pardon de l'avoir accusée, jugée et de lui en avoir voulu. Vous dites à l'autre que vous lui avez pardonné seulement si l'autre vous le demande.

7) Faire le lien avec un cordon ou une décision face à un parent

Retracez dans votre passé un événement similaire ayant eu lieu avec une personne faisant figure d'autorité: père, mère, grands-parents, professeur, etc. Refaites toutes les étapes avec cette personne.

8) Lorsque l'émotion est envers vous-même, faites les étapes 1,2,4 et 7.

QUELQUES RAPPELS

- Donnez-vous le temps nécessaire pour y arriver. Il peut se passer un jour ou même un an entre chaque étape; l'important est que vous désiriez sincèrement arriver au pardon. Quand la blessure est grande et profonde ou que l'ego résiste beaucoup, cela peut prendre plus de temps.

- Lorsque l'étape six s'avère difficile, sachez que c'est l'ego qui résiste. Lorsque vous pensez: *"Pourquoi irais-je lui demander pardon de lui en avoir voulu alors que c'est lui qui m'a offensé? J'ai toutes les raisons au monde de lui en avoir voulu!"*, c'est votre ego qui parle et non votre coeur. Le plus grand désir de votre coeur est de faire la paix et d'avoir de la compassion pour l'autre.

- Ne vous inquiétez pas de la réaction que l'autre pourrait avoir lorsque vous pensez à aller lui demander pardon. Il peut avoir différentes réactions comme ne rien dire, changer de sujet, refuser d'en parler, pleurer, demander pardon, vous sauter dans les bras, etc. Respectez la réaction de l'autre et la vôtre. Personne au monde ne peut savoir à l'avance ce qui se passera.

- À la sixième étape du pardon, la raison pour laquelle je mentionne de ne pas dire à l'autre que vous lui pardonnez est importante. En réalité, il y a trois bonnes raisons. Il arrive fréquemment que nous croyons qu'une autre personne nous a offensé et que cette dernière n'ait jamais eu l'intention de le faire. La réalité est souvent très différente de notre perception.

De plus, cette suggestion est pour vous habituer à réaliser que le pardon est toujours fait pour votre propre libération. Le fait de pardonner à l'autre n'est qu'une étape parmi les étapes nécessaires pour vous pardonner. La troisième raison de cette suggestion est pour vous faire réaliser que vous n'avez pas le pouvoir de pardonner véritablement quelqu'un d'autre. Cette dernière est la seule à pouvoir se pardonner.

◆ Si l'autre a de la difficulté à accueillir votre demande de pardon, c'est que lui-même ne peut se pardonner. Même si vous lui avez pardonné, vous ne pouvez faire son propre pardon à sa place. Il devra y arriver par lui-même. Vous n'êtes pas responsable de la réaction de l'autre mais seulement de la vôtre. Par contre, le fait de vous pardonner est un bel exemple pour aider l'autre à y parvenir.

◆ Si, au moment d'exprimer ce que vous vivez à quelqu'un d'autre, celui-ci se choque et essaie de se justifier, vérifiez tout de suite auprès de cette personne si elle s'est sentie accusée par vos propos. Si oui, vérifiez s'il n'y a pas encore en vous de l'accusation vis-à-vis l'autre et l'espoir qu'elle changera.

◆ Si vous allez voir une personne avec l'espoir qu'elle comprenne combien elle vous a fait souffrir et que vous vous attendez à ce qu'elle vous demande pardon, c'est qu'il y a encore de l'accusation en vous. En pareil cas, ne vous en voulez pas; acceptez l'idée qu'il vous faudra encore un certain temps avant d'arriver à faire les étapes deux et trois. Vous avez probablement réussi à pardonner avec votre tête mais pas encore avec votre coeur. Pardonner avec la tête est comprendre l'autre intellectuellement sans ressentir de soulagement ni de libération intérieure. C'est très fréquent. Pardonner avec votre tête est un bon début car cela démontre à tout le moins votre bonne volonté.

- Rappelez-vous que ce n'est pas parce que vous pardonnez à quelqu'un que cela signifie que vous êtes d'accord avec l'offense qu'on vous a faite. Vous êtes plutôt en train de dire qu'avec les yeux du coeur, vous avez été capable de voir au-delà de l'offense, de voir ce qui se passait à l'intérieur de la personne.

- Le fait de réussir ainsi à vivre de moins en moins d'émotions vous permet de laisser libre cours à votre sensibilité car plusieurs personnes, en voulant se couper de leurs émotions, se coupent aussi de leur sensibilité.

- Souvenez-vous de la différence entre un sentiment et une émotion. Aussitôt que vous ressentez quoi que ce soit en vous, de la tristesse par exemple, s'il n'y a aucune accusation, aucune peur pour vous-même, ce que vous vivez est un sentiment déclenché par votre sensibilité. En continuant à observer, à constater ce que vous vivez, vous demeurez dans le sentiment. Par contre, si un travail mental de doute, d'accusation, de jugement de valeur s'installe, ce sentiment se transforme en émotion. Plus vous vous permettez d'être sensible et de demeurer dans l'observation, plus il vous sera facile de sentir avec votre coeur plutôt qu'avec votre tête. Vous ne vous laisserez plus influencer par les apparences. Vous saurez ce qui se passe véritablement. Vos relations en seront grandement améliorées puisque votre corps émotionnel sera à votre service plutôt que bloqué par des émotions.

Si vous désirez que votre corps émotionnel demeure au service de votre être, vous devez faire votre part. Votre contribution peut se manifester par la mise en pratique des moyens suivants:

- Ayez des buts concrets, à court, moyen et long termes. Un but est quelque chose que vous pouvez vérifier quand il est atteint. C'est donc au niveau du "faire" et du "avoir".

- Donnez-vous plus d'affection ainsi qu'aux autres.

- Développez de plus en plus l'espoir. Croyez que vous avez la capacité de réaliser vos désirs.

- Sentez que vous appartenez là où vous êtes. Ce sentiment d'appartenance vous aidera à vous sentir bien, où que vous soyez.

- Développez votre confiance en vous-même. Osez agir davantage sans avoir peur du jugement des autres. Apprenez à vous confier, à vous révéler en n'ayant pas peur d'être jugé ou rejeté et en vous permettant de "sentir" davantage. C'est ainsi que vous développerez la confiance en vous.

- Devenez conscient de vos nombreux talents et utilisez-les au maximum. Vous deviendrez ainsi plus créatif. Vous pourrez vérifier combien la créativité nourrit votre corps émotionnel par l'énergie qu'elle vous rapporte.

- Voyez seulement de la beauté autour de vous. La beauté constitue le plus grand besoin du corps émotionnel. Avez-vous remarqué comment vous vous sentez lorsque vous vivez des moments où vous trouvez que tout est beau autour de vous?

En mettant tous ces moyens en pratique, vous vous sentirez rempli d'énergie et vous recevrez au-delà de vos désirs. Je vous le souhaite sincèrement!

Notes personnelles

Notes personnelles

Notes personnelles

Notes personnelles

Notes personnelles

Notes personnelles

Notes personnelles

Notes personnelles

Notes personnelles

Notes personnelles

Centre de Santé et de Développement Personnel

ÉCOUTE TON CORPS

L'endroit idéal pour améliorer sa qualité de vie !

Faites un autre pas

vers une meilleure qualité de vie !

Au coeur de la magnifique région des Laurentides, près de Ste-Adèle (45 minutes de Montréal et à 30 minutes de l'aéroport Mirabel), le centre Écoute Ton Corps est situé en bordure de la rivière du Nord et constitue un site d'une beauté exceptionnelle. Bercé par le son de la rivière qui coule, venez goûter à la paix et à la sérénité en venant vous y reposer et reprendre contact avec votre beauté intérieure.

Des forfaits, cours et ateliers

Afin de découvrir et de réalise votre plein potentiel, le Centre Écoute Ton Corps vous offre des forfaits, cours et ateliers de développement personnel et de conscientisation de soi. Des traitements-santé sont également disponibles.

Les enseignements d'ÉcouteTon Corps visent la conscientisation de l'être, c'est-à-dire une meilleure connaissance de vos besoins réels grâce auxquels il vous sera possible de cheminer vers ce que vous voulez être, faire et avoir dans votre vie.

L'approche utilisée repose sur l'amour véritable et le respect de soi et des autres; nous ne cherchons pas à vous imposer une vérité mais plutôt à vous aider à trouver la vôtre. Au Centre Écoute Ton Corps, nous vous proposons des outils simples et efficaces vous permettant d'effectuer les transformations intérieures que vous jugez importantes et nécessaires dans votre vie.

(514) 229-6564 AU CANADA **1-800-361-3834**
FAX **(514) 229-9915**

Au Centre Écoute Ton Corps, nous vous proposons des outils simples et efficaces vous permettant d'effectuer les transformations intérieures que vous jugez importantes et nécessaires dans votre vie.

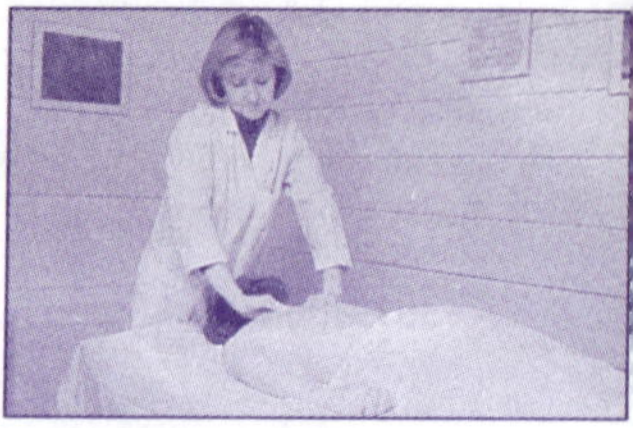

Notre objectif

Il consiste à vous aider à retrouver la joie de vivre, la santé, l'autonomie, la prospérité, la paix du coeur et de l'âme en devenant davantage conscient des causes de vos blocages, de vos limites et des difficultés que vous rencontrez. Vous apprendrez également comment les transformer.

L'ambiance du Centre Écoute Ton Corps

Elle est chaleureuse, accueillante et empreinte de bonne humeur. Ses chambres, privées ou semi-privées, sont charmantes et invitent à la détente. Ses salons sont confortables; vous pouvez y lire un bon livre devant un magnifique feu de foyer et vous laisser bercer par le crépitement du bois dans l'âtre.

Sa salle à manger

Elle vous comblera grâce à la qualité de sa cuisine-santé; vous y ferez sans aucun doute des découvertes culinaires qui vous surprendront!

De nombreuses activités extérieures

Autant en hiver qu'en été, elles sont à votre portée sur le site même du Centre ou à quelques minutes à pied ou en voiture. Nous nous ferons un plaisir de vous en informer!

Venez ressourcer votre corps

Lors de vos prochaines vacances ou lorsque vous éprouverez le besoin de prendre un temps d'arrêt, venez ressourcer votre corps, votre coeur et votre âme dans le cadre inspirant et régénérateur du Centre Écoute Ton Corps.

Les produits "ÉCOUTE TON CORPS"
faciles à commander !

Par téléphone !

Composez le:

(514) 229-6564

Ligne sans frais d'interurbain

1-800-361-3834

Ou par la poste !

Utilisez le bon de commande à la fin du livre (page C15)

Jetez un coup d'œil sur le catalogue des produits et services!

Plus de 90 sujets passionnants

Conférences sur cassettes

Lise Bourbeau saura vous captiver avec les différents thèmes qu'elle aborde, vous faisant réfléchir tout en vous donnant le goût de créer votre vie plutôt que de la subir.

ÉCONOMISEZ	QUÉ.	CAN.	AUTRES PAYS
1 à 4 cassettes	13,81 $	12,79 $	11,95 $
5 à 10 cassettes ....-10%	12,43 $	11,51 $	10,75 $
11 à 20 cassettes ....-15%	11,73 $	10,86 $	10,15 $
21 cassettes et plus ....-20%	11,04 $	10,22 $	9,55 $
Prix à l'unité / taxes comprises			

(ED-01) Comment être à l'écoute de son corps

La philosophie d'amour de Lise Bourbeau accompagnée des voix de France Castel et Robert Maltais.

(C-01) La peur, l'ennemie de l'abondance

Les peurs inconscientes qui empêchent l'abondance dans les biens, l'argent, le succès, l'amour, etc...

(C-02) Victime ou gagnant

Comment surmonter la partie victime en vous qui vous empêche d'obtenir ce que vous voulez.

(C-03) Comment se guérir soi-même

Toutes les différentes façons de créer un malaise ou une maladie et comment apprendre à les prévenir.

(C-04) L'orgueil est-il l'ennemi premier de ton évolution?

La description du comportement d'un orgueilleux, le prix à payer quand l'orgueil domine et quoi faire pour maîtriser l'orgueil.

(C-05) Sexualité, sensualité et amour

La différence entre la sexualité, la sensualité, la passion et l'amour véritable.

(C-06) Comment être responsable sans se sentir coupable

La différence entre être responsable, se sentir coupable et être vraiment coupable. Quelle est la véritable responsabilité de chacun?

(C-07) L'énergie, comment ne pas perdre contact.

Une explication simple et pratique des centres d'énergie (chakras) et comment bien calibrer l'énergie dans chaque partie du corps.

(C-08) Le grand amour peut-il durer?

Ce qui bloque l'amour intime et la signification du "don de soi". Divers moyens pour vivre le grand amour plus longtemps.

(C-09) Comment s'aimer sans avoir besoin de sucre

Le grand scandale du sucre depuis 400 ans sur la terre. Les effets du sucre chez l'être humain. Le sucre une compensation à un manque d'amour ou de confiance en soi. Le diabète, l'hypoglycémie.

(C-10) Comment évoluer à travers les malaises et les maladies

La définition métaphysique (cause profonde) de plusieurs malaises et maladies. La différence entre soigner médicalement et soigner métaphysiquement.

(C-11) La peur de la mort

D'où vient la peur de mourir? Qu'arrive-t-il véritablement au moment de la mort? Transition à la dimension astrale.

(C-12) La spiritualité et la sexualité

Le développement de l'énergie sexuelle. L'influence du complexe d'Oedipe sur notre vie sexuelle. L'homosexualité, l'inceste.

(C-13) Ma douce moitié, la t.v.

L'influence de la télévision dans notre vie. Se connaître à travers les émissions regardées.

(C-14) La réincarnation volet 1

Réponses aux questions sur la réincarnation et le karma. Ce qui se passe à la mort. Le plan astral.

(C-15) La réincarnation volet 2

Les grands êtres qui gèrent la terre dans l'invisible. Les prophéties. L'ère du Verseau.

☎ Commandez par téléphone pour un *SERVICE RAPIDE*

Bon de commande page C15

Profitez du spécial sur l'achat de 5 cassettes et plus !

(C-16) La spiritualité et l'argent

Les attitudes négatives qui bloquent l'argent. L'argent est une énergie divine. Quinze moyens concrets pour être en contact avec l'énergie de l'argent.

(C-17) La spiritualité dans la relation parent-enfant

Les désirs des parents pour leurs enfants sont-ils bénéfiques? Comment avoir des relations harmonieuses entre parents et enfants.

(C-18) Les dons psychiques

Que veut dire être psychique? Comment utiliser les dons psychiques. L'intuition. Les enfants hyperactifs, les cauchemars?

(C-19) Être vrai... c'est quoi au juste?

Pourquoi il est si difficile d'être vrai. Comment y parvenir au travail, en société, en famille, avec le conjoint, avec soi-même.

(C-20) Comment se décider et passer à l'action

Ce qui nous empêche de se décider ou de passer à l'action. Comment stimuler notre merveilleux pouvoir de créer.

(C-21) L'amour de soi

L'amour de soi, un sentiment de fierté personnelle et légitime. Pourquoi il est si difficile de s'aimer et de se sentir aimé.

(C-22) La prière, est-ce efficace?

Nos intentions quand nous prions et notre façon de prier. La différence entre une prière et une affirmation.

(C-23) Le contrôle, la maîtrise, le pouvoir.

La différence entre ces trois termes. Où, comment les utiliser et à quel prix.

(C-24) Se transformer sans douleur

Prendre le risque de se transformer malgré les peurs et les douleurs. Expérimenter une nouvelle attitude face à l'amour, à soi-même. Savoir se regarder, être vrai et s'exprimer.

(C-25) Comment s'estimer sans se comparer

Prendre conscience des ravages que la comparaison produit sur nous et comment cesser de se comparer.

(C-26) Êtes-vous prisonnier de vos dépendances?

D'où viennent les dépendances qui rendent les gens esclaves. Comment s'en libérer et devenir notre seul maître.

(C-27) Le pouvoir du pardon

Utiliser le pardon pour se libérer de rancunes. Comment le pardon apporte soulagement et guérison aux niveaux mental, émotionnel et physique.

(C-28) Comment être à l'écoute de son coeur

Le refus d'écouter son coeur pousse notre corps à nous envoyer des messages pour nous ramener sur le chemin de l'amour.

(C-29) Être gagnant en utilisant son subconscient

La différence entre le conscient, l'inconscient et le subconscient. Comment faire resurgir les informations enfouies dans l'inconscient. Comment vous laisser guider par le subconscient.

(C-30) Comment réussir à atteindre un but

Comment atteindre un but vu à travers les péripéties d'un des plus grands buts de Lise Bourbeau: enseigner l'amour.

(C-31) Rejet, abandon, solitude

Pourquoi certaines personnes se sentent rejetées? D'où vient la peur d'être abandonné? La solitude. Comment ne plus se sentir rejeté, abandonné, seul.

(C-32) Besoin, désir ou caprice

Déterminer ce qui nous rend vraiment heureux en identifiant nos vrais besoins. La différence entre désir et caprice.

(C-33) Les cadeaux de la vie

Apprendre à voir dans chaque événement les avantages, le bon côté et les messages qu'ils nous apportent.

(C-34) Jugement, critique ou accusation

Découvrir les bons aspects de la critique et comment l'utiliser pour se connaître davantage. Comment s'exprimer sans juger ou accuser l'autre.

(C-35) Retrouver sa créativité

La créativité n'est pas exclusivement pour les artistes, elle s'exprime dans bien des domaines et de bien des façons. Redécouvrir son côté créatif.

(C-36) Qui gagne, vous ou vos émotions?

Pourquoi les mêmes émotions se répètent sans cesse. Des moyens pour en devenir conscient et comment les éliminer.

 Bon de commande page C15

(C-37) Comment aider les autres

Les différentes façons d'aider les autres. Comment vivre le détachement et demeurer efficace. Quoi faire si vous vous sentez dépassé par les problèmes de l'autre.

(C-38) Le burn-out et la dépression

Le profil psychologique des gens enclins au burn-out ou à la dépression. La différence entre les deux. Leurs causes métaphysiques et un moyen efficace pour les prévenir ou s'en guérir.

(C-39) Le principe masculin-féminin en soi

La négation d'un de ces deux principes influence notre tendance à vouloir dominer notre conjoint ou à lui être soumis. Créer l'harmonie entre les deux. Une détente dirigée pour découvrir lequel des deux principes est le plus fort en nous.

(C-40) La planète terre et ses messages

Le lien entre les messages du corps et les messages de la Terre. Que signifient les raz de marée, les ouragans, les éruptions volcaniques et autres séismes.

(C-41) Sans viande et en parfaite santé

Connaître les effets de la viande chez l'humain. Comment s'habituer à un régime sans viande tout en écoutant les besoins du corps physique.

(C-42) Développer la confiance en soi

La différence entre avoir confiance et faire confiance. Plusieurs moyens pratiques pour développer la confiance en soi.

(C-43) Comment lâcher prise

La différence entre le contrôle, le lâcher prise et la soumission. Les nombreux avantages du lâcher prise et plusieurs moyens pratiques pour y arriver.

(C-44) Les croyances inconscientes qui mènent notre vie

D'où viennent les croyances. La différence entre celles qui sont bénéfiques pour soi ou non. Se défaire des croyances qui ne nous apportent pas le résultat désiré.

(C-45) Les peurs qui nous habitent

Le pourquoi des peurs. Voir le bon côté de nos peurs et les utiliser à notre avantage. L'agoraphobie. Comment dépasser les peurs.

(C-46) Quand le perfectionnisme s'en mêle

Rechercher la perfection en arrêtant d'avoir peur de se tromper. Lien entre le perfectionnisme, l'orgueil et la peur de dire la vérité. La véritable perfection.

(C-47) Le monde astral

Ce qui se passe dans ce monde subtil et invisible. Comment il manipule l'être humain. Quoi faire pour retrouver son propre pouvoir. Comment utiliser l'énergie astrale à son avantage.

(C-48) Comment vivre le moment présent

Qu'est-ce que "vivre son moment présent", comment y parvenir. Planifier le futur sans en être prisonnier.

(C-49) Êtes-vous libre, libéré ou manipulé?

Comment arriver à la liberté. Vérifier si vous dirigez vous-même votre vie ou si vous êtes constamment manipulé. La différence entre être libre, libéré ou manipulé.

(C-50) Sais-tu qui tu es?

Lorsque vous vivez des peurs, des émotions, des doutes... vous n'êtes plus vous-même. Des moyens pratiques pour apprendre à mieux vous connaître.

(C-51) Qui est ton miroir?

La technique du miroir: le moyen le plus efficace et rapide pour apprendre à se connaître et s'aimer davantage. L'utiliser de façon constructive.

(C-52) Se connaître à travers son alimentation

Apprendre à vous connaître davantage en interprétant vos habitudes alimentaires. Pourquoi vous avez tendance à manger salé, sucré, gras ou épicé.

(C-53) Les prophéties sont-elles vraies?

Comment interpréter les différentes prédictions, comme certaines faites il y a de ça quelques siècles pour la fin du monde en l'an 2000. Ne pas avoir peur et savoir composer avec ces prophéties.

(C-54) Comment se faire plaisir

L'importance de se faire plaisir. Reconnaître ce qui vous fait réellement plaisir et comment le faire... sans vous sentir coupable!

(C-55) Les messages du poids

Découvrir les causes profondes d'un manque ou d'un surplus de poids. Découvrir l'influence et l'impact de vos croyances et de vos pensées sur votre poids.

(C-56) Les ravages de la peur face à l'amour

Découvrir les peurs qui se cachent derrière l'orgueil, la jalousie, la dépendance, la passion et plusieurs autres émotions encombrantes.

☎ **Commandez par téléphone pour un *SERVICE RAPIDE***

Profitez du spécial sur l'achat de 5 cassettes et plus !

(C-57) Quoi faire avec nos attentes

Quand doit-on avoir des attentes. Comment agir quand les autres ont des attentes envers nous.

(C-58) La méditation et ses bienfaits

Tous sur les bienfaits de la méditation. Les différentes techniques et comment la pratiquer dans son quotidien.

(C-59) Comment développer le senti

Ce qu'est le "senti". Développer son senti. Les émotions qui camouflent le senti.

(C-60) Bien manger tout en se faisant plaisir

Bien manger tout en se faisant plaisir et sans vivre de la culpabilité. Quoi faire lorsqu'on a le goût de manger quelque chose dont on n'a pas vraiment besoin.

(C-61) Le couple idéal

Découvrir ce qui cause la plupart des problèmes dans une relation de couple. Des moyens pratiques pour améliorer votre relation avec votre conjoint ou un futur conjoint.

(C-62) Les besoins du corps physique et énergétique

Ce qui nuit au corps physique et énergétique. Pourquoi le manque d'énergie. Des moyens pour être en super forme physiquement et énergétiquement.

(C-63) Les besoins du corps émotionnel

L'importance du corps émotionnel, ses besoins. Les écouter pour arrêter d'être émotif, tout en restant sensible.

(C-64) Les besoins du corps mental

Comment a-t-on perdu la maîtrise du corps mental. Les besoins de ce corps , les écouter et redevenir maître de notre vie.

(C-65) Les besoins du corps spirituel

Être spirituel. La différence entre l'état spirituel, psychique et matériel. Laisser l'être spirituel en soi émerger pour connaître le vrai bonheur.

(C-66) Se guérir en s'aimant

Comment le fait de s'aimer véritablement peut apporter une guérison très rapide tant sur le plan physique, émotionnel que mental.

(C-67) La loi de cause à effet

Apprendre à utiliser cette loi immuable à votre avantage. Comment gérer votre karma.

(C-68) Le message caché des problèmes sexuels

Ce que révèle les problèmes sexuels. L'attitude à adopter pour les transformer.

(C-69) Comment dédramatiser

Comment vivre davantage dans la simplicité et arrêter les drames qui compliquent notre vie. Des moyens pour vivre moins d'émotions en ne dramatisant pas tout.

(C-70) Comment éviter une séparation ou la vivre dans l'amour. (partie 1)

Des moyens concrets pour éviter une séparation. Si elle devient inévitable, comment la vivre dans l'amour en limitant les répercussions sur soi ou l'entourage.

(C-71) Comment éviter une séparation ou la vivre dans l'amour. (partie 2)

Les questions et réponses qui ont suivi la conférence de Lise Bourbeau. Maintes détails supplémentaires éclairent de nombreux points d'interrogation.

(C-72) Quelle attitude adopter face au cancer

Apprenez quelle attitude adopter si vous ou une personne qui vous est très chère est atteinte de cancer. De plus, venez découvrir les divers messages que cette maladie comporte.

(C-73) Recevez-vous autant que vous donnez?

Ce qu'empêche la récolte dans votre vie. Comment vous ouvrir davantage à l'abondance.

(C-74) Comment ne plus être rongé par la colère

Les effets rongeurs de la colère sur le corps physique, émotionnel et mental. Transformer une colère non bénéfique en une colère bénéfique.

(C-75) Possession, attachement et jalousie

Pourquoi devient-on trop attaché, possessif, jaloux. Comment être détaché sans avoir à renoncer à tout.

(C-76) Soyez gagnant dans la perte

Comment sortir gagnant de la perte d'un être cher ou de quelque chose de précieux. Apprendre quelque chose sur soi à travers la perte.

(C-77) Êtes-vous une personne nouvelle ou traditionnelle

La différence entre les deux. Les avantages d'adopter un mode de vie nouveau et comment y arriver.

Bon de commande page C15

(C-78) Dépasser ses limites sans "craquer"

Comment dépasser ses limites au niveau matériel, c'est-à-dire aux niveaux physique, émotionnel et mental, d'une façon saine et harmonieuse.

(C-79) N'ayez pas honte d'être vous-même

La cause profonde de la honte et comment elle se manifeste dans notre attitude et notre corps physique. Comment arrêter d'avoir honte en étant soi-même.

(C-80) S'épanouir et évoluer dans son milieu travail

Comment choisir un travail qui nous convient. Pourquoi le garder ou non? Les différents moyens pour grandir, d'évoluer et de conscientiser par l'emploi que vous avez.

(C-81) Pourquoi et comment profiter de son temps

Le manque de temps est devenu un problème sérieux du monde moderne. Pourquoi le manque de temps et comment s'organiser pour mieux utiliser le temps consacré au travail, repos et jeu.

(C-82) Savez-vous vous engager?

Il ne peut y avoir de relation intime sans engagement. Comment s'engager et se désengager. Surmonter les difficultés de l'engagement.

(C-83) Accepter, est-ce se soumettre?

La différence entre l'acceptation et la soumission. Que signifie "accepter" véritablement? Les effets extraordinaires de l'acceptation. Comment atteindre l'acceptation inconditionnelle.

(C-84) Avoir des amis et les avantages de l'amitié

Pourquoi certaines personnes ont-elles des amis et d'autres non? Comment se faire des amis. La différence entre l'amitié vécue par l'homme et par la femme. Les critères d'une amitié durable.

(C-85) Vaincre ou en finir avec la timidité

D'où vient la timidité? Les symptômes physiques de la timidité. Comment faire face à ses peurs et vaincre la timidité. Comment se sortir de la timidité.

(C-86) Pourquoi et comment se réconcilier?

L'explication des différences entre les principes masculin et féminin qui sont la cause de bien des malentendus, rancoeurs et disputes. Les avantages d'apprendre le langage de l'autre pour en arriver à bien communiquer et se réconcilier.

(C-87) La chance est-elle réservée au chanceux?

Pouvez-vous devenir plus chanceux? Est-ce que le karma ou le destin suscite ou limite la chance et la malchance? Peut-on y échapper? Révélation des secrets des gens chanceux.

(C-88) Comment les rêves peuvent vous aider.

Pourquoi vous rêver? Les messages du rêves. Comment vous pouvez utiliser les rêves pour vous guider. Qu'est-ce qu'un rêve éveillé et un rêve prémonitoire. Comment se souvenir de ses rêves.

(C-89) Comprendre et accepter l'homosexualité. ***(Janvier 96)***

Explications de l'homosexualité. Quels sont les liens entre le complexe d'Oedipe et l'homosexualité. La différence entre l'homosexualité féminin et masculin. Comment faire face au problème de rejet associé à l'homosexualité. Comment être heureux dans l'homosexualité.

(C-90) Comment faire respecter son espace ***(Mars 96)***

Savoir reconnaître son "espace" et des moyens pratiques pour le faire respecter. Comment savoir lorsque quelqu'un est dans votre espace et vous dans le sien. Les bienfaits de retrouver son espace vital, autant au plan physique qu'émotionnel et mental.

(C-91) Comment utiliser votre intuition ***(Mai 96)***

La différence entre l'intuition, la pensée, le désir et la voyance. D'où vient l'intuition. Des moyens pratiques pour la développer et bien l'utiliser.

(C-92) Quoi faire face à l'agressivité, la colère et la violence ***(Juillet 96)***

La différence entre l'agressivité, la colère et la violence. Pourquoi vit-on dans un monde où la violence est présente. D'où viennent l'agressivité et la violence. La colère peut-elle être utile. Quoi faire avec sa propre violence et celle des autres.

(C-93) L'inceste: comment y faire face (Septembre 96)

La souffrance de l'incestueux, du conjoint et de l'enfant qui en est victime. Comment arrêter le "pattern" de l'inceste qui se perpétue souvent d'une génération à l'autre. Comment arriver à pardonner à son agresseur. Comment un parent devient incestueux. Quoi faire pour aider une victime de l'inceste.

Commandez par téléphone pour un *SERVICE RAPIDE*

Bon de commande page C15

Profitez du spécial sur l'achat de 5 cassettes et plus !

Cassettes de DÉTENTE DIRIGÉES et de MÉDITATIONS

(ETC-33) DÉTENTE DIRIGÉE "JE SUIS"

Côté I: Détente de 30 minutes pour devenir conscient de vos désirs et besoins dans plusieurs domaines de votre vie.
Côté II: 30 minutes de musique douce.

(ETC-12) DÉTENTE DIRIGÉE "COMMUNICATION"

Côté I: Détente de 30 minutes pour faire une demande, un partage ou un pardon énergétiquement avec quelqu'un.
Côté II: 30 minutes de musique douce.

(ETC-13) DÉTENTE DIRIGÉE "PETIT ENFANT"

Côté I: Détente de 30 minutes pour entrer en contact avec le petit enfant en soi afin de mieux accepter ses peurs et ressentir de la compassion.
Côté II: 30 minutes de musique douce.

(ETC-14) DÉTENTE DIRIGÉE "SITUATION À CHANGER"

Côté I: Devenir conscient d'une situation pénible à vivre. Transformer votre vision en la revivant dans l'harmonie plutôt qu'avec émotion.
Côté II: 30 minutes de musique douce.

(ETC-16) DÉTENTE DIRIGÉE "ABANDONNER UNE PEUR"

Côté I: Détente de 30 minutes pour aider à lâcher prise d'une émotion, un stress ou une situation difficile à vivre. Extrait de la technique *S'abandonner*.
Côté II: 30 minutes de musique douce.

(ETC-03) MÉDITATION "JE SUIS DIEU"

Côté I: Méditation de 30 minutes sur le mantra d'Écoute Ton Corps.
Côté II: Comme le côté 1, mais musique douce seulement.

(ETC-21) MÉDITATION "NOTRE PÈRE"

Côté I: Signification métaphysique du Notre Père lu par Lise Bourbeau. La prière du Notre Père chantée par Monique Bertrand.
Côté II: Méditation en trois parties: Le mantra "Je suis Dieu" chanté, les attributs de Dieu et musique douce.

Bon de commande page C15

Dans chaque album, 4 cassettes audio pour le prix de 3!

(une économie de plus de 15$)

Prix: Québec: *39,83$* avec taxes **Canada:** *37.40$* avec taxe **Autres Pays:** *34.95$* sans taxes

Argent et Abondance (ALB01)

❶ La peur l'ennemie de l'abondance ❷ La spiritualité et l'argent ❸ Comment se décider et passer à l'action ❹ Comment réussir à atteindre un but

Confiance en Soi (ALB02)

❶ L'amour de soi ❷ Comment s'estimer sans se comparer ❸ Rejet, abandon, solitude ❹ Développer la confiance en soi

L'Amour (ALB03)

❶ Le grand amour peut-il durer? ❷ L'amour de soi ❸ Comment être à l'écoute de son coeur ❹ Comment se faire plaisir

Comment Surmonter les Peurs (ALB04)

❶ La peur, l'ennemie de l'abondance ❷ Les peurs qui nous habitent ❸ La peur de la mort ❹ Les ravages de la peur face à l'amour

L'alimentation (ALB05)

❶ Comment s'aimer sans avoir besoin de sucre ❷ Sans viande et en parfaite santé ❸ Êtes-vous prisonnier de vos dépendances? ❹ Bien manger tout en se faisant plaisir

Détentes Dirigées (ALB06)

❶ Détente dirigée "Je suis" ❷ Détente dirigée "Communication" ❸ Détente dirigée "Petit enfant" ❹ Détente dirigée "Situation à changer"

Les Besoins des Corps (ALB07)

❶ Les besoins du corps physique et énergétique ❷ Les besoins du corps émotionnel ❸ Les besoins du corps mental ❹ Les besoins du corps spirituel

La Sexualité (ALB08)

❶ Les messages cachés des problèmes sexuels ❷ Le principe masculin-féminin en soi ❸ Sexualité, sensualité et amour ❹ La spiritualité et la sexualité

Bon de commande page C15

De la même auteur

Des livres de chevet indispensables!

(L-01) ÉCOUTE TON CORPS, ton plus grand ami sur la Terre

*Prix: **Québec et Canada**: 18.14$ avec taxes*
***Autres Pays:** 16.95$ sans taxes*

Lise Bourbeau consacre sa vie à dépasser ses propres limites et à transmettre aux autres ce quelle apprend afin de les aider à atteindre ce à quoi nous aspirons tous: la joie, la paix, la sérénité, la santé, la réalisation de nos rêves et de nos aspirations. Pour ce faire, il s'avère important d'être davantage conscient de vous-même, c'est-à-dire faire l'expérience consciente de ce qui se passe en vous aux niveaux physique, émotionnel, mental et spirituel. Elle met son expérience et ses connaissances au service des personnes désirant entamer et poursuivre leur recherche intérieure. Les enseignements contenus dans ce livre vous en donnent les moyens. Placés en fin de chapitre, les exercices pratiques vous aident à devenir conscient de votre façon de vous aimer et d'aimer les autres.

(L-03) LISTEN to your best friend YOUR BODY

Prix: Québec et Canada: 18.14$ avec taxes Autres Pays: 16.95$ sans taxes

Traduction anglaise du livre "ÉCOUTE TON CORPS" English version of L-01

(L-06) ÉCOUTE TON CORPS, ENCORE! (Tome 2)

*Prix: **Québec et Canada**: 18.14$ avec taxes **Autres Pays:** 16.95$ sans taxes*

Voici la suite du tout premier livre de Lise Bourbeau. Ce livre regorge de nouveaux renseignements par rapport à "l'avoir", "le faire" et "l'être". Chacune de ces sections vous aidera à découvrir ce dont vous avez besoin pour être heureux afin de faire les actions nécessaires pour avoir ce que vous désirez dans la vie. Ce livre saura vous captiver tout comme le premier!

(L-02) QUI ES-TU?

Prix: Québec et Canada: *18.14$ avec taxes*
Autres Pays: 16.95$ sans taxes

Le lecteur sera émerveillé de se reconnaître à travers ce qu'il dit, pense, voit, entend ou ressent. Même l'observation des vêtements qu'il porte et du lieu où il réside le renseigneront sur lui-même. De plus, ce livre décrit en détail la signification des formes du corps. Plus de 300 malaises et maladies sont expliqués dans leur sens métaphysique, aidant ainsi à en découvrir les causes profondes. Les résultats visés sont l'auto-guérison, l'amélioration de la qualité des communications interpersonnelles et un mieux-être général.

 Bon de commande page C15

(L-05) JE SUIS DIEU WOW! (Autobiographie de Lise Bourbeau)

Prix: Québec et Canada: 18.14$ avec taxes Autres Pays: 16.95$ sans taxes

Lise Bourbeau vous offre cette autobiographie au titre audacieux qui ne vous laissera pas indifférent. Elle s'y révèle entièrement. Un témoignage passionnant ainsi que plusieurs photos sur les événements de sa vie qui lui ont permis de reprendre contact avec son Dieu intérieur. Elle vous explique comment elle met en pratique dans son quotidien ce qu'elle enseigne pour arriver à un bon équilibre dans sa vie.

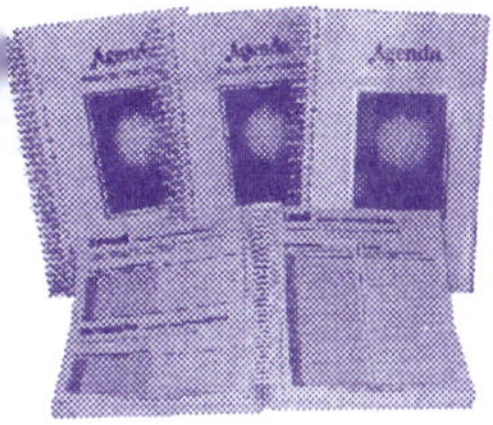

(L-04) AGENDA ÉCOUTE TON CORPS

Prix: Québec: *14.76$* avec taxes ***Canada:****13.86$* avec taxe
Autres Pays: *12.95$* sans taxes

Une formule originale d'un concept unique et très pratique qui contient une page par jour. Comme cet agenda n'est pas daté, vous pouvez le débuter à n'importe quelle période de l'année. De plus il contient une action à faire chaque jour pour vous aider dans votre cheminement intérieur.

La Collection ÉCOUTE TON CORPS

La Collection ÉCOUTE TON CORPS

Lise Bourbeau répond aux questions reçues lors de ses conférences et ateliers. Un thème spécifique pour chaque volume.

Prix:* Québec et Canada*:* *10.65$* avec taxes *Autres Pays: 9.95$

Commandez les 6 livres de la collection et obtenez 20% de rabais
Prix: Québec et Canada*: *51.11$* avec taxes *Autres Pays: 47.76$

(LC-01) Les relations intimes

(LC-02) La responsabilité,l'engagement et la culpabilté

(LC-03) Les peurs et les croyances

(LC-04) Les relations parent-enfant

(LC-05) L'argent et l'abondance

(LC-06) Les émotions, les sentiments et le pardon

SPÉCIALEMENT POUR ENFANTS DE 4 ANS ET PLUS

LA COLLECTION ROUMA

pour améliorer le développement personnel de l'enfant

Dans les récits de la COLLECTION ROUMA, des enfants, petits et grands, se posent de sérieuses questions. Et quelle aventure le jour où ils découvrent qu'en chacun d'eux vit un grand ami qui peut réellement les aider. Ils l'appellent ROUMA ! Dans cette collection de livres pour enfants, "Rouma" représente le Dieu intérieur qui aide les enfants à trouver des solutions à leurs problèmes.

(ROU#1) LA DÉCOUVERTE DE ROUMA

Prix: ***Québec et Canada:****13.86$* avec taxe
Autres Pays: *12.95$* sans taxes

Hugo ne recevra pas le cadeau pourtant promis par sa mère. Bien sûr, il comprend pourquoi. Il n'empêche qu'il est déçu !! Et frustré !!! Ne sachant trop que faire pour se calmer, il décide d'aller bouger un peu dans le parc. Mais jamais il n'aurait imaginé que cette idée allait lui porter chance.

(ROU#2) JANIE LA PETITE

Prix: ***Québec et Canada:****13.86$* avec taxe
Autres Pays: *12.95$* sans taxes

Janie ne reçoit plus la visite de son grand cousin. L'année dernière, il passait souvent après l'école pour lui dire bonjour. Parfois, il restait assez longtemps pour jouer avec elle. Un jour elle le revoit enfin. Mais cela lui fait comme un choc... Martin ? Il n'est plus comme avant.

(J-01) Jeu de Cartes ÉCOUTE TON CORPS

Prix: ***Québec****: 17.04$* avec taxes ***Canada:****16.00$* avec taxe
Autres Pays: *14.95$* sans taxes

Ce jeu de cartes est une continuité de l'enseignement diffusé par ÉCOUTE TON CORPS. Il vous aidera quotidiennement à devenir conscient d'une difficulté présente faisant obstacle à votre bonheur, à découvrir la croyance non bénéfique derrière cette difficulté et à vous suggérer un moyen concret pour revenir sur la route du bonheur.

- *Avec la carte bleue vous deviendrez conscient d'une difficulté dans le moment présent.*
- *Avec la carte jaune, vous connaîtrez la peur ou la croyance qui amène cette difficulté.*
- *Avec la carte rouge, vous saurez quelle action faire pour transformer cette situation.*

Le jeu de cartes Écoute Ton Corps, une autre opportunité pour vous aider à mettre en pratique les enseignements d'amour d'Écoute Ton Corps !

Bon de commande page C15

BON DE COMMANDE POSTALE

# PRODUIT	QTÉ	TOTAL	POIDS (g)
	SOUS-TOTAL		
	AIS DE MANUTENTION		
	TOTAL		

POIDS DES PRODUITS
LIVRES (400g/ch)
LIVRES DE COLLECTION (200g/ch)
AGENDAS (500g/ch)
ALBUMS CASSETTES (300g/ch)
LA COLLECTION ROUMA (250g/ch)
JEUX DE CARTES (100g/ch)
CASSETTES (100g/ch)
COFFRET VIDÉO (2200g/ch)
JEU DE CARTE (100g/ch)

N.B. Tous les prix sont sujets à des changements sans préavis.

FRAIS DE MANUTENTION

Calculez le poids de chaque produit commandé, faites le total et référez-vous au tableau ci-bas pour les frais de manutention.

	Service normal (1 à 2 semaines)
QUÉBEC :	$ 4,00
CANADA : (Autres que le Québec)	$ 5,00
ÉTATS-UNIS :	$ 6,00

		PAR BATEAU (6 semaines)	PAR AVION (1-2 semaines)
AUTRES PAYS	100 à 500g =	$ 7,50	$11,50
	600 à 1000g =	$11,00	$20,00
	1100 à 2000g =	$14,00	$30,00
	2100g à 3000g =	$21,00	$45,00
	Plus de 3100g =	téléphonez-nous	

Paiement par chèque ou mandat-poste à l'ordre de:
ÉCOUTE TON CORPS, 1455 Ch. Ste-Marguerite, Ste-Marguerite Station, Québec, Canada. J0T 2K0.

EUROPE et ÉTATS-UNIS: Mandat international en devises canadiennes ou par carte de crédit.

☐ VISA Numéro: ______________ Exp.: ___ mois / ___ année

☐ MasterCard Nom du titulaire: ______________

Signature: ______________

☐ **CHÈQUE / MANDAT-POSTE**

Nom: ______________

Adresse: ______________

Ville: ______________ Code postal: ______________

Tél. résidence: (   ) ______________ Tél. travail: (   ) ______________

Service *ultra-rapide* en téléphonant avec carte de crédit

Ligne directe Montréal et environs: 875-1930
514-229-6564 si interurbain **1-800-361-3834**
Télécopieur: (514) 229-9915

BONCOM3b CDR 96-03

Offrez-vous ce COFFRET-VIDÉO

Enfin, un outil pratique et efficace pour améliorer votre qualité de vie... toujours à la portée de la main !

Animé par Lise Bourbeau

Créé en 1982 par Lise Bourbeau, et adapté au fil des ans, le cours *"Écoute ton corps niveau un"* est enfin disponible sur vidéo cassettes. Il vous permet de le consulter au besoin, à votre rythme, dans le confort de votre foyer.

Son contenu dynamique, pratique et interactif, constitue l'outil idéal pour améliorer votre qualité de vie. À ce jour, ce cours a été expérimenté par plus de 12 000 personnes au Québec et en Europe.

Ce COFFRET-VIDÉO comprend:

- ✓ **le cours *"Écoute Ton Corps niveau un"* complet en trois cassettes vidéo de deux heures chacunes;**
- ✓ **le livret "Métaphysique des malaises et maladies";**
- ✓ **le matériel nécessaire permettant de faire les exercices suggérés.**

Voici un apperçu des thèmes développés:

- **technique de décodage métaphysique des malaises et des maladies;**
- **les dépendances;**
- **apprendre à accepter sans être soumis;**
- **d'où vient la culpabilité et comment la vaincre;**
- **l'engagement, le désengagement et la responsabilité;**
- **une technique de pardon qui apporte la guérison de l'âme et du corps;**
- **l'orgueil et les peurs qu'il cache;**
- **la technique du miroir;**
- **comment se libérer des peurs, rancunes et émotions.**

Modes de paiements adaptés à vos besoins

4 paiements de 49.86$ au Québec ou 46.82$ reste du Canada (Taxe(s) incluse(s)) ou
1 paiement de 199.43$ au Québec ou 187.25$ reste du Canada (Taxe(s) incluse(s)).

Versions européennes disponibles en juin 1996